La Communauté de l'Oneida

RAPPORT

SUR UN ESSAI DE MISE EN PRATIQUE DES PRINCIPES
CHRÉTIENS

concurremment avec de l'amélioration scientifique de la race humaine

PAR

ALLAN ESTLAKE

MEMBRE DE LA COMMUNAUTÉ DE L'ONEIDA

TRADUIT DE L'ANGLAIS

PARIS

SOCIÉTÉ D'ÉDITIONS LITTÉRAIRES ET ARTISTIQUES

Librairie Ollendorff

50, CHAUSSÉE D'ANTIN, 50

1902

Tous droits réservés

La Communauté de l'Oneida

SAINT-DENIS. — IMPRIMERIE H. BOUILLANT, 20, RUE DE PARIS. — 14502

La Communauté de l'Oneida

RAPPORT

SUR UN ESSAI DE MISE EN PRATIQUE DES PRINCIPES
CHRÉTIENS

Du désintéressement et de l'amélioration scientifique de la race humaine

PAR

ALLAN ESTLAKE

MEMBRE DE LA COMMUNAUTÉ DE L'ONEIDA

TRADUIT DE L'ANGLAIS

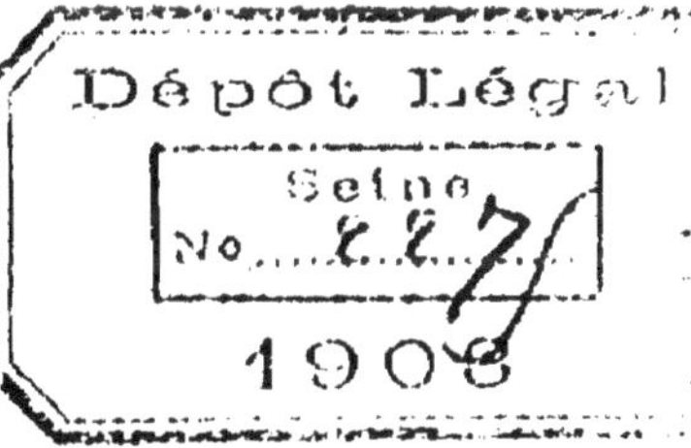

PARIS

SOCIÉTÉ D'ÉDITIONS LITTÉRAIRES ET ARTISTIQUES
Librairie Paul Ollendorff
5o, CHAUSSÉE D'ANTIN, 5o

1903

PRÉFACE

L'entreprise hardie dont l'histoire est retracée dans ce petit volume m'ayant, dès ma jeunesse, vivement intéressé, je crois nécessaire d'expliquer en quelques mots pourquoi une étude du sujet est d'importance capitale pour la race humaine.

Les progrès de la pensée en théologie, depuis la Réforme, sont d'une nature telle que la plupart des esprits sincères se demandent aujourd'hui s'il existe une étape logique entre le catholicisme romain et le scepticisme absolu qui, seuls, donnent à la

vie une raison d'être et quelque dignité.
Convaincu que cette étape a été trouvée
par le fondateur de la Communauté dont
nous esquissons ici l'histoire, il m'a semblé
que l'on ne saurait trop faire pour présenter au public les légitimes revendica-
tions de cet homme de bien.

Les différents aspects de ce mouvement,
qu'ils soient éthiques, sociaux ou écono-
miques, représentent, du moins selon ma
conviction, les grandes lignes de cet idéal
suprême que la race humaine devrait s'appliquer à poursuivre; cet idéal est d'ailleurs le seul qui puisse nous permettre de
résoudre les problèmes qui, de toute anti-
quité, ont agité l'histoire de l'humanité.

D'autre part, nous ne présentons pas
cette étude au public avec l'espoir, ou
même le désir, qu'une nouvelle association
volontairement formée, et dans des limites
restreintes analogues à celles que nous dé-

crivons ici, se constitue, et soit comme la suite désirée de celle que l'on a déjà tenté de fonder. Bien au contraire, le succès considérable qui a suivi la première tentative et son triomphe pendant les vingt années qui suivirent sa fondation, me semble utile, non pas comme un exemple rigoureux qui devrait inspirer un groupe isolé, mais bien comme l'aperçu de la direction que devrait prendre un changement politique général pendant quelques générations à venir.

Cette étude n'est que l'esquisse préliminaire du plus extraordinaire et, je le croirais, du plus généreux effort qui ait jamais été tenté depuis la fondation du christianisme. Si le public nous y encourage, ce petit volume sera suivi d'un ouvrage plus considérable contenant des détails nombreux qu'il a été nécessaire d'omettre ici.

La Compagnie par actions « Oneida

Community, Ltd » qui a fait suite à la communauté de l'Oneida, existe toujours et prospère de plus en plus. Son siège social est à Kenwood, Madison County, (New-York). Les lettres adressées à George W. Noyes demandant des détails sur l'Histoire de la Communauté seront l'objet d'une attention spéciale.

La
Communauté de l'Oneida

CHAPITRE PREMIER

HISTORIQUE

Si le christianisme est la plus haute manifestation de la civilisation, un sytème social basé
sur le principe fondamental du christianisme
peut servir de type parmi les tentatives qui ont
été faites dans cette direction, et qui, pendant le
siècle dernier, ont glorifié la vie de plusieurs
milliers d'individus. Une telle organisation, dans
son harmonie parfaite, réalise l'idéal du Christ,
« le Royaume des Cieux ». Il importe peu que son

siège, ou son dogme, soit tel ou tel, parce que l'harmonie constitue les cieux, et qu'il n'est point possible de concevoir un bonheur plus parfait.

Si John H. Noyes voulut réunir ses disciples en une famille, où le bonheur et l'harmonie eussent pu régner, ce n'était point la chimère d'un fanatique, comme certains le voulurent faire croire lorsqu'il fonda la communauté de l'Oneida et déclara qu'il avait trouvé le Royaume des cieux. S'il se montra trop confiant, c'est qu'il comptait sur le christianisme dans sa poursuite du bonheur, et dépensa une force cérébrale que ses critiques n'estimèrent point à sa juste valeur.

Il n'est pas à blâmer d'avoir vécu avant que le peuple fût prêt pour sa venue, pas plus que le Christ ne l'est d'avoir voulu éclairer l'esprit d'un peuple qui ne pouvait l'entendre. Tous deux vinrent dans un temps où l'évolution tendait vers la civilisation qui pouvait à bon droit revendiquer de tels hommes.

Ce ne serait rien moins que sotte présomp-

tion qu'interroger la nature dans ses desseins
quand il est impossible de comprendre son
mode de génération ou même de comprendre
comment l'œuf se change en chenille, la chenille
en chrysalide, la chrysalide en papillon ou de
fixer la fin d'une vie et le commencement d'une
autre existence. La part du hasard n'est pas plus
grande quand la nature produit un prophète ou
un devin qu'elle ne l'est dans l'évolution de l'œuf
au papillon. A toute exigence suit une réponse,
l'une est la conséquence de l'autre, qui, elle-
même, provient des besoins de la civilisation
éternellement en voie de progression. Par parité
de raisonnement, il est évident que la réponse
ne peut pas être le produit du hasard ou de la
fantaisie de la nature, mais que la concordance
de faits innombrables et de conditions multiples est également indispensable à la venue d'un
prophète ou d'un maître parmi les hommes,
puisque c'est le développement de la civilisation
qui crée les besoins et résulte elle-même de
l'évolution. Il est plus facile de fixer les termes

d'une évolution chez un autre peuple que le sien, et dans d'autres temps. C'est pourquoi à l'époque de Jésus-Christ on disait qu'aucun homme n'était prophète en son pays, et depuis, l'on considère que le temps des miracles (c'est-à-dire des phénomènes naturels échappant à l'explication humaine) est passé. Que la race sémitique ait été choisie pour être celle d'où surgirait le Messie, cela parut ridicule aux peuples de l'an 1 de l'ère chrétienne, mais que ce fait se soit produit par hasard, plutôt que par la force d'une intelligence supérieure, cela semblerait plus ridicule encore par le fait même que, depuis la venue du Messie, la civilisation a constamment progressé et que, malgré 1900 ans de persécution et d'oppression, la race juive impose encore sa politique au monde entier et devient de plus en plus la race dominante du nouveau monde. Quand une autre période de 1900 ans sera écoulée, il sera plus facile d'expliquer l'origine du peuple américain à cette époque, et reconnaissant la signification spirituelle d'événements qui nous semblent triviaux, d'accorder la place qui leur est due aux premiers réformateurs de cette époque. En son temps le Christ vint et sema le grain, beaucoup ont été et seront les messagers qui, de temps à autre, agrandiront son œuvre, et partageront son sort. Il est nécessaire de présenter la vérité sous ses différentes formes, en conformité avec les progrès de la civilisation, et les exigences d'un plus grand développement intellectuel.

Les façons d'exposer la vérité aux peuples primitifs, alors qu'ils étaient à peine supérieurs à la brute, et sous la seule influence du cerebellum, seraient aujourd'hui puériles et ridicules, et le même principe peut s'appliquer à chaque étape de la vie intellectuelle jusqu'à ce que le discernement de l'esprit entre le vrai et le faux soit aussi parfait que la différence perçue par l'œil entre la lumière et les ténèbres. Une manifestation de la nature, une image n'ayant pas même la valeur d'une idole pouvait satisfaire l'âme du sauvage, comme la forme extérieure du culte satisfait encore quelques esprits après dix-neuf siècles de civilisation, par le fait même que leur pensée n'effleure même pas le sujet et laisse ce soin à un prêtre salarié. La vie animale progressant, le corps se développe, et procure au cerveau une substantielle nourriture. Par ces soins, le premier atome de matière grise évolue graduellement touchant aux forces mentales qui ne peuvent s'élever que grâce aux possibilités infinies du développement intellectuel. Quand l'homme commencera à réaliser les bornes dans lesquelles peut s'étendre sa perfectibilité mentale, il sera alors dans des conditions favorables qui lui permettront de voir que la nature exige une régénération, — ou, en d'autres termes, pour recevoir le Christ et ses messagers. De ces derniers, John H. Noyes fut le plus important et le plus central. Sa maxime était : « Vaincre le vice [1] », et cette lutte lui semblait l'épreuve la plus nécessaire, et la plus

---

[1] Salvation from Sin.

logique, dans un effort tendant à la régénération.
Il annonça que le Royaume des Cieux qui, 1900
ans auparavant, avait été alors déclaré proche,
était à portée de notre main (dans le monde invi-
sible) et pouvait devenir possession terrestre,
où le Christ et ses disciples régnaient, demandant seulement qu'on le reconnût, et que l'on
partageât les joies d'une haute évolution naturelle dans un séjour spirituel. La Communauté
de l'Oneida marqua une évolution importante
dans l'évolution de l'Église chrétienne. C'était
le signe extérieur et visible d'une grâce spirituelle, une expression de la condition morale de
chacun de ses membres. Si chaque membre
réalisait en lui le Royaume des cieux, il est
facile de voir que le consensus de son expérience constituait le Royaume des Cieux que le
Christ avait prédit. On objecte que la Communauté n'a eu qu'une existence éphémère, et
que par conséquent elle ne pouvait être le
Royaume idéal du chrétien. Cette objection
n'est pas admissible, parce que le Royaume

idéal n'a rien d'une organisation localisée, mais n'est qu'un état spirituel. Pendant une génération entière, la Communauté de l'Oneida a rempli toutes les conditions d'un « Home » idéal où l'accord a toujours régné. La génération s'est éteinte, chacun de ses membres emportant avec lui son état de grâce dans un autre monde, et formant une famille dont l'heureuse constitution ici-bas n'en avait été que le type et l'avant-goût. C'est pourquoi, dans son sens le plus important, la Communauté de l'Oneida vit encore dans l'âme de ceux passés à une vie posthume, comme elle existe encore dans le cœur de milliers d'individus dont l'existence a été béatifiée par ce qu'ils ont appris de l'Oneida.

On ne pouvait pas espérer que la régénérescence des membres originaux pût être transmise dans toute sa force à leurs descendants. Il est impossible que des caractères puissent garder la même empreinte après une ou deux générations, parce que les développements subits ne sont point dans l'ordre de la nature. S'ils l'étaient, le Christ et ses disciples eussent peuplé le monde d'une race régénérée. Le changement qu'ils se proposaient d'accomplir n'était qu'un lent développement de la nature spirituelle de l'homme, tendant à la régénération. De même, John H. Noyes et sa communauté semèrent un grain qui germe dans des milliers de cœurs, et aujourd'hui il n'est point de sujet plus cher au public, ou qui attire une attention plus bienveillante que l'histoire de ces relations familiales si heureuses dont la communauté de l'Oneida est la leçon-type et l'exemple, la preuve qu'il est possible d'obtenir ici-bas les « joies futures » chères à tous.

Dans quelque temps, quand la vie pratique de l'Oneida aura porté ses fruits, et quand, grâce à une propagande sagement conduite, les plus hauts traits de caractère pourront être transmis aussi facilement et aussi sûrement que les mauvais le sont aujourd'hui, la vie commune prévaudra, et il sera aussi difficile de provoquer

1.

la discorde parmi les gens chez qui l'harmonie ne saurait aujourd'hui pénétrer. Il sera intéressant, dans cet ordre d'idées, de considérer quelques-uns des incidents qui ont servi à la constitution de l'Oneida, et de noter comment, dès que les premiers membres cessèrent de prendre une part active dans les affaires, la vieille communauté perdit peu à peu le lien spirituel qui avait d'abord uni ses membres. Il fallut adopter parmi les combinaisons les plus à portée, la meilleure, celle qui pouvait convenir au changement de condition qui régnait alors parmi eux.

Une pression extérieure n'aurait eu aucun pouvoir pour dissoudre la Communauté tant que le souffle de vie aurait duré en elle. Aucun ministre ne peut se flatter d'un espoir pareil « de l'avoir persécutée à mort », car, en général, les sectes prospèrent sous la persécution.

Nous l'avons dit, il n'est pas possible d'espérer que l'esprit d'union se puisse transmettre après une seule génération, et pourtant les traits de caractères firent de John H. Noyes ce qu'il était, et ceux de sa femme furent transmis d'une manière remarquable à leur fils Théodore R. Noyes. Ce dernier fut élevé dans la communauté et fit ses études médicales à l'Université de Yale. Il ne s'ensuit pas que les traits caractéristiques transmis d'un sujet à l'autre soient rigoureusement identiques chez l'ascendant et le descendant. Un peintre de portraits peut transmettre son talent d'artiste à son fils, mais l'art du fils ne se manifestera pas exactement comme celui du père dans la peinture des portraits. Il en est de même de toute chose héréditaire. Le Dr Noyes hérita de ses parents d'un tempérament très religieux qui se manifesta de façon différente, parce qu'il fut développé dans un milieu différent. Si l'enfant d'une catholique romaine dévote, ou d'un presbytérien écossais, héritait des traits religieux de ses parents, il suivrait probablement leurs traces, qu'ils soient catholiques ou presbytériens, parce qu'il serait placé dans un milieu favorable à cette disposi-

tion de caractère. Mais le milieu dans lequel le
Dr Noyes fut élevé était caractérisé par une dis-
position à l'investigation que rien n'effrayait, et
qui était puissamment encouragée par la conviction d'être en possession de la vérité principale [1]. Ceci assura des conditions où une intelli-

[1] La carrière et l'inspiration de John H. Noyes, l'exemple
providentiel que nous offre la Communauté et l'exemple
logique et étroitement conçu de ses doctrines religieuses
et de son exégèse scripturale si antithétique à la théologie
vague, contradictoire, et parfois grossière des sectes, ser-
virent à fonder cette conviction. Elle ne se serait peut-être
jamais éteinte si le flot, à peu près irrésistible de l'agnosticisme de bon ton que nous commençons seulement aujour-
d'hui à apercevoir, n'était point passé sur le monde dans la
première moitié de ce siècle. Et peut-être, aujourd'hui encore, n'existe-t-il pas de peuple civilisé qui soit aussi
convaincu que le monde est gouverné d'une façon provi-
dentielle que l'Oneida. Ceci est particulièrement frappant,
et significatif, quand on le compare à ce « désir » vers la
foi qui caractérise si malheureusement les classes élevées
de notre époque. Et même, parmi ces anciens membres
qui ne croient guère en la providence personnelle, l'expérience que nous leur avons donné, la communauté rend
vaines et vulgaires les propositions du matérialisme moderne. Cette expérience nécessite, au jugement de ces agnos-
tiques dont la philosophie est de bon aloi, que l'on attribue
à l'humanité un mystère dans sa nature conforme à l'inspiration qui semblera surnaturelle à son possesseur (au moins
jusqu'à ce qui semblait surnaturel à Socrate dans son
« daimonion »).

gence supérieure pouvait concevoir et développer des vues nouvelles. La même cause qui poussa le père vers « l'au-delà » du giron de l'Église, porta le fils à pénétrer plus avant dans certaines régions du christianisme, mais en respectant toujours l'esprit du Christ. Bien qu'il négligeât certaines doctrines du Sauveur, il cultiva avec ardeur cet amour dont Jésus est l'incarnation. Il prouva qu'il était un organisateur de première force, après le premier de tous, et qu'il était incontestablement le seul homme qui, de toute la Communauté, pût dignement continuer l'œuvre de son fondateur — si toutefois c'était possible. — John H. Noyes était d'avis que l'œuvre d'un homme n'est pas complète tant qu'il n'a pas trouvé un successeur. Son fils était ce seul successeur possible, et personne ne reconnut mieux que lui les aptitudes transcendantales du Dr Noyes. Cependant, des complications étaient survenues dans la direction de la Société, problème et complications qui n'existaient pas à son origine. Les premiers membres de l'Oneida avaient tous appartenu à l'Église, et presque tous avaient lu les ouvrages de M. Noyes, ou assisté à ses sermons. Ils amenèrent avec eux des enfants qui, il est bon de le dire, n'héritèrent pas entièrement de l'enthousiasme religieux de leurs parents. Pour se faire une idée des difficultés que M. Noyes rencontra vers la fin de sa carrière, il est nécessaire de faire une analyse de leurs causes.

Une Église est une société composée d'autant de différentes sortes de gens, ou, plutôt, d'autant de connaissances spirituelles différentes qu'il y a de membres. Dans la mesure du possible on peut les classifier. Il en est d'abord qui ont quelque connaissance religieuse ou qui ont été convertis, mais que leur premier pas vers la régénération a tant exaltés que dans le feu de leur enthousiasme ils croient avoir atteint la perfection, et, au lieu d'élever leur idéal chrétien sur le principe fondamental de l'amour, ils se considèrent comme les élus de Dieu, et deviennent missionnaires avant que d'être instruits dans les rudiments de leur religion. Après cette fougue du début, ils s'adonnent à une excessive complaisance d'eux-mêmes qui, si elle n'est pas contrebalancée par un sentiment d'honnêteté, passe à l'état d'hypocrisie chronique. D'autres consacrent la force d'impulsion du nouveau genre de vie, et planent dans des régions transcendantales à la recherche de la vérité, partout et n'importe où, à leur guise, et aussi libres que l'esprit de vérité qu'ils recherchent. Mais ceux-ci étant esclaves des traditions, des croyances, des dogmes, possèdent un faux christianisme. Le cours naturel de l'esprit est obstrué, et il se précipite sur le point qui offre le moins de résistance possible. La chrétienté présente donc l'anomalie d'un peuple « né de l'esprit », « vivant d'après la chair », et cherchant à exprimer la vérité spirituelle en créant un milieu matérialiste et fictif. Ils exigent l'accord entre la foi et certaines traditions chrétiennes, bien plus qu'avec l'esprit de vérité qu'il inculqua. Ils préfèrent professer des dogmes plutôt que d'observer une vie chrétienne. Ils catéchisent parce qu'ils comptent plutôt sur la valeur des « autorités » que sur la vérité elle-même, et veulent un Christ conçu sur des traditions et un idéal qui soient en accord avec leur « autorité » favorite.

D'autres n'ont éprouvé aucun réveil religieux, mais, élevés depuis leur enfance dans l'Église, ou s'y ralliant pour des motifs intéressés, deviennent simplement partisans de leur ministre sans s'inquiéter d'être autre chose que des figurants respectueux.

A ceux-là s'ajoutent dans presque toutes les congrégations quelques personnes sincères, simples et honnêtes. Celles-là constituent « le sel de la terre » et leur présence sauvegarde le seul élément spirituel qui autorise l'Église à se réclamer du christianisme.

Les familles « communales » sont, elles aussi, des sociétés; par le fait même qu'elles sont formées de membres dissidents de l'Église, le même état se retrouve à un degré plus ou moins

grand, et ainsi de suite, dans toute société constituée de la sorte et ayant tiré son organisation
de l'Église à laquelle ils appartenaient. Tous les
caractères étaient représentés sous une forme
modifiée dans l'Oneida et elles compliquèrent
les difficultés qui se produiraient au moment de
la sélection et de l'élection d'un futur leader.

John H. Noyes reconnut en son fils un amour
inné de la vérité, certains dogmes exceptés, et
la possession de l'esprit chrétien. Il le savait
capable d'établir et de maintenir l'union dans la
Société et lui reconnaissait un titre légitime à
la direction future. Mais cette élection était un
problème dont la solution demandait beaucoup
de sagesse et de diplomatie. Les membres fondateurs n'étaient point sans crainte à ce sujet,
mais il se reposait sur le jugement sain, et l'inspiration de leur chef éprouvé.

Une autre classe moins traitable voyait un
sceptique en l'homme qui avait osé développer
les fruits de l'esprit du Christ d'une façon différente de celle qui consiste à accepter, à tort ou

à raison, certaines doctrines du christianisme traditionnel.

Ils s'opposèrent alors avec énergie à l'élection du Dʳ Noyes. Enfin, et ceci n'est point de moindre importance, il y avait quelques membres qui croyaient réellement à la valeur du Dʳ Noyes, et lui accordaient des titres légitimes à la direction suprême de la communauté sur la foi de sa valeur morale et de son intégrité. — Devant ces nombreuses difficultés, M. Noyes mit son fils à la tête de la communauté, et plus tard le déposa, quand l'opposition menaça de compromettre la vie même de l'Oneida. Cette élévation au pouvoir, et cette retraite forcée, furent la cause de souffrances cruelles, rendues plus grandes encore par la sensibilité excessive de celui qui dut les supporter. Quelques membres sympathisèrent avec lui, et se retirèrent de la Communauté plutôt que de créer une situation plus douloureuse, convaincus qu'ils étaient que ces différences de sentiments seraient suivies avant longtemps d'une complète dissolution. C'était là le point critique qu'aucun général ne saurait éviter ou renvoyer aux calendes grecques. Cet état de choses attrista profondément tout le monde, et personne, sauf le Dr Noyes, ne pouvait trouver une solution qui n'eût point des conséquences désastreuses, surtout pour les enfants, et les vieillards. Ce fut en cette conjoncture que le Dr Noyes se décida par son habileté à résoudre le problème pour le mieux des intérêts de la communauté.

La Société s'était enrichie — si ses biens étaient vendus, et le capital divisé entre trois cents personnes, chacune n'aurait eu qu'une trop faible part — et d'un autre côté, si les uns avaient plus que les autres, ceux-ci n'auraient point pu vivre convenablement. Afin d'éviter toute injustice, et pour ménager chaque intérêt, les biens furent estimés avec soin. Le travail ne fut pas arrêté un seul instant. Toutes les modifications furent opérées sur papier. Une Compagnie à capital par actions fut fondée, et les actions furent distribuées entre les membres de l'Oneida, de sorte que, ceux qui avaient placé leur argent dans la communauté reçurent une somme proportionnelle à leur placement, un intérêt correspondant; et une juste part fut donnée à chaque membre proportionnellement au nombre d'années de présence dans la communauté. Une provision fut aussi faite pour les enfants, suffisante à leur éducation et à leur subsistance jusqu'à leur majorité. Une table de salaires fut dressée pour ceux qui désiraient continuer à travailler pour la Compagnie, et quelques-uns des caractères coopératifs de la communauté furent conservés de sorte que ceux de ses membres qui désiraient vivre sur les lieux en eurent toutes les facilités, et obtinrent les denrées à prix coûtant.

Cet arrangement fut un coup de maître, et le succès du D' Noyes en cette occasion n'est pas moins admirable que l'œuvre même de son père. Suivant l'ordre des choses, le D' Noyes occupa la place de Président de la Compagnie. Il

est élu par les actionnaires ; en d'autres termes,
il succède à son père, autant qu'il est possible
de succéder à un homme comme John H. Noyes.
Il a gagné la confiance de tous ses sujets en
tant qu'organisateur, et a complété l'œuvre de
son père en introduisant la paix et l'harmonie
dans sa maison.

La politique du Dr Noyes, jusqu'à ce jour,
tend à la réalisation des espérances de John
Noyes, telles qu'elles sont exposées dans son
« Histoire du Socialisme américain » :

« La phase prochaine de l'histoire nationale
sera marquée par l'avènement de la Régénération et du socialisme combinés, et travaillant
ensemble en vue du Royaume des Cieux. »

CHAPITRE II

Ayant jeté un regard sur les principes et l'origine du communisme né d'abord du besoin qu'ont les hommes de se réunir, et arrivant à son apogée au dix-neuvième siècle dans le sein de l'Oneida, le lecteur aimera se former une idée plus succincte de la constitution de la communauté, et surtout de l'histoire, et des phases religieuses par où John H. Noyes passa à peine arraché du chevalet brûlant de l'orthodoxie, fondant une société dont la pureté sexuelle secoua toute la laideur de la pruderie orthodoxe, et l'ébranlant dans ses fondements. John H. Noyes prit ses grades au collège de

Darmouth, en 1830. Il était alors dans sa dix-neuvième année, et commença ses études de droit dans sa ville natale à Putney, Vermont.

Dans un passage de ses « Religious Expériences » d'où la substance de ce chapitre est tirée, il nous dit « qu'au bout de quelques années son attention fut dirigée vers les sujets religieux après avoir assisté à une réunion à Putney.

« Après une lutte douloureuse où, entre autres choses, j'avais à combattre mon aversion pour les ordres, une des phases les plus critiques de ma vie, je me soumis à la volonté de Dieu, et j'obtins la paix de l'esprit. Un jour, à cette époque, causant avec mon père qui aimait à discuter théologie, je suggérais une interprétation des Écritures, qui lui parut nouvelle : « Prenez garde, me dit-il ; voilà une hérésie. » — Hérésie ou non, dis-je, cela n'en est pas moins vrai. — Mais si vous êtes appelé à entrer dans les ordres, il faudra que vous pensiez et prêchiez comme les autres pasteurs, et si vous sortez de la voie commune ils vous forceront à y revenir. » Cette observation m'indigna. Je répondis : « Jamais! jamais aucun membre du clergé, jamais personne ne me subjuguera dont les vues ne concorderont pas avec les miennes qui me sont inspirées par la Bible et sont illuminées par le Saint-Esprit ! »

« Un mois après ma conversion je me rendis à Andover et fus admis au séminaire. Je m'étais imaginé que partout les chrétiens étaient remplis de zèle et d'amour, et que surtout en un séminaire, où l'élite de la jeunesse théologique était réunie, ce petit monde peuplait un séjour quasi-séraphique. Tout frais émoulu du monde et de l'École de droit, j'avais quelques craintes sur la façon dont le Saül serait accueilli, et sur sa contenance dans ce monde de prophètes. J'eus bientôt fait connaissance avec le séminaire. Mes craintes se dissipèrent, mais firent place à d'autres d'un ordre différent. Je découvris que les études théologiques ne comptaient point « spirituellement » pour les étudiants et que Andover n'était pas un lieu d'élection pour celui qui désirait vivre dans un renouveau d'esprit et toujours rester « nouveau converti ».

Après un an de séjour à Andover, M. Noyes, vers la fin de 1832, devint membre de la classe intermédiaire du séminaire de Yale. Il y resta jusqu'en février 1834, époque où il se convertit au Perfectionnisme. Il avait l'intention d'entrer dans les Missions africaines et, alors qu'il était à Andover, s'était intéressé aux questions anti-esclavagistes et avait contribué à la fondation d'une société contre l'Esclavage.

Cependant, à mesure qu'il pénétrait plus avant dans la vie intellectuelle il commençait à douter que le christianisme fut, pour le salut des hommes, aussi répandu dans son pays qu'il se l'était imaginé.

« A mesure que je perdais confiance dans la religiosité ambiante, dit-il, je voyais de mieux en mieux combien il était nécessaire que ceux qui se réclamaient du titre de chrétien fussent convertis de nouveau.

« Mon zèle de futur missionnaire s'affaiblit

considérablement et mon cœur se tourna vers des projets, des désirs et des pensées de réformation intérieure du christianisme. De la valeur et non de la quantité de la religion je fis le centre vers lequel dès lors je résolus de tendre. »

Les diverses étapes de ses expériences et la façon dont il raisonna avec lui-même et avec les autres dans l'accomplissement de sa tâche sont d'un très grand intérêt : il nous est, par suite, extrêmement difficile de décider ce qui doit être omis, et ce qu'il faut conserver de ces mémoires afin de rester dans les limites qui nous sont assignées. Il est impossible de choisir les meilleurs passages : tout le volume est excellent. Par son désir de perfectibilité, il s'acquit bientôt la réputation d'homme toqué.

« Je ne croyais certainement pas, à cette époque, dit-il, avoir atteint une perfection qui pût se passer de discipline et d'amélioration. Bien au contraire, et, dès le premier jour, mon plus cher et sincère désir, ma prière la plus ardente était « d'être rendu parfait par le partage absolu de douleurs du Christ », et jusqu'à ce jour toutes mes tribulations ont été l'occasion d'actions de grâces, parce que je les ai considérées comme la réponse à mes prières, et la marque d'une confiance divine dans l'œuvre que j'avais entreprise. La différence entre la pureté, d'une part, et l'au-delà de la perfection, d'autre part, quelque obscure qu'elle puisse paraître à certains, fut toujours évidente pour moi parce que mon expérience m'avait enseigné ce que c'était qu'être exempt de tout péché. A ceux qui s'efforçaient de confondre cette distinction, et de m'accabler sous le poids d'une perfection que je n'avais pas, je répondais : « Je ne prétends pas atteindre la perfection extérieure, je revendique seulement la pureté du cœur et la pureté de ma conscience devant Dieu. Un livre peut être vrai et parfait quant au sentiment, cependant il peut manquer de grâce dans le style et d'exactitude typographique. »

M. Noyes avait été autorisé à prêcher, et pour quelque temps avait si bien répandu les vérités

nouvelles sur la venue du Christ et la Rédemption, que le public se passionna, et la Faculté,
inquiète, retira l'autorisation qu'elle avait donnée
à M. Noyes, le priant aussi de s'éloigner.

« Je n'avais plus mes entrées à l'Église et au
collège, dit-il. Je n'avais plus le droit d'officier,
mon nom ne comptait plus dans ce monde-la,
Mes amis tombaient rapidement du pouvoir. Je
commençais à être hors la loi — et pourtant je
m'en réjouissais. Ma joie était grande. En toute
sincérité je me déclarais heureux de m'être
débarrassé de ma réputation. Quelques personnes me demandèrent si je continuerais à prêcher maintenant que le clergé m'en avait retiré
l'autorisation. Je répondis : « Je leur ai retiré l'autorisation de pécher et ils continuent de pécher ;
ils m'ont retiré l'autorisation de prêcher, je
continuerai de prêcher. » Le récit qui suit de
ses relations avec Charles H. Weld, et de sa sé-
paration définitive de ce dernier rapportée dans
une lettre conçue en termes mordants qui mit
fin à leur intimité, montre que tout en étant

naturellement timide et réservé, regardant tous ceux qui, croyait-il, étaient à la recherche de la vérité, avec une tendresse que le meilleur des cœurs seul pouvait avoir, lorsqu'il rencontrait un esprit hypocrite et trompeur il avait bientôt fait de sortir ses armes et de repousser le mal, ne ménageant ni ami ni ennemi dans ses conjonctures pénibles mais nécessaires. Il s'était lié avec Boyle, le Prédicateur Révivaliste, et quelques autres qui, après s'être convertis à ses doctrines, devinrent ses amis intimes, et ses collaborateurs.

« Ch. H. Weld, dit-il dans ses « Religious Experiences », vivait avec un de ses frères à Hartford à l'époque où je commençais à entrer dans la vie du bien. Il était prédicateur en titre. Boyle nous présenta l'un à l'autre, et me raconta quelques-unes des épreuves de Weld. Nous fûmes bientôt amis intimes. Il y avait quelque chose dans son caractère qui attirait la sympathie. Il était profondément versé dans les mystères spirituels, d'une grande valeur intel-

lectuelle, et me semblait doué d'une sainte
bonté. Nous n'étions jamais fatigués de causer
ensemble. Je respectais son apparente sagesse,
et désirais vivement en tirer quelque profit.
Je découvris bientôt qu'il cherchait à assumer
le rôle de conseiller paternel. Il écoutait mes
histoires sur la sainteté, la seconde venue, etc...
avec déférence et empressement, mais il critiquait la manière dont elles étaient exposées et
leur trouvait un caractère trop abrupt et alar-
mant. Il me fit comprendre qu'il avait exercé
une sorte d'influence paternelle sur Finney,
Boyle, Lansing, sur son frère Théodore, et sur
quelques autres. Il ne tarda pas à vouloir s'imposer à moi comme il s'était imposé à d'autres,
et il prétendit enfin m'avoir précédé dans la
voie de la vérité. Il m'apprit lui-même qu'à
l'époque où il était à Andover, huit ou dix ans
auparavant, il était passé par une série d'exercices spirituels, où il devait trouver la rédemption
corporelle et morale s'il observait une certaine
austérité pour un temps donné. Il n'avait pas

rempli ces conditions, et était tombé dans un profond désespoir dont il ressentait encore les terribles effets. Cette épreuve lui donnait toutefois l'avantage de comprendre et de juger mes confidences, et il se crut autorisé à agir envers moi jusqu'à un certain point comme l'aurait fait un directeur. Je ne m'y opposais pas, car à cette époque je n'avais certainement pas idée de ma propre valeur. Je m'aperçus bientôt qu'il cherchait à me rabaisser, et cela ne fut pas en sa faveur. Je me rejetais sur mon propre jugement, et proposais des mesures plus décisives. Boyle, à cette époque, était à la veille d'une crise morale. Je m'efforçais de convaincre Weld, et y réussis en partie. Mais sa confession ne fut pas aussi fervente et franche que celle de Boyle, et ne fut suivie d'aucun résultat satisfaisant. Il demeura quelques jours dans le doute. A la fin je lui dis que son indulgence envers lui-même n'aurait jamais de résultat effectif, qu'il fallait regarder en face la loi du Seigneur, et s'incliner devant la vérité : celui qui s'est abandonné au péché, s'abandonne au démon. Il m'approuva, et sembla désirer que je le traitasse comme mon jugement me le conseillait. Ceci se passait le jour du jeûne d'État. Boyle avait été appelé dans une ville voisine, et avait prié Weld de le remplacer dans son service à l'Église Libre.

« Le matin qui suivit la conversation rapportée plus haut il officia comme d'habitude, tout en révélant cependant une certaine gêne. Pendant une interruption il me dit qu'il lui serait impossible de prêcher l'après-midi. Dieu, disait-il, lui avait fait entendre que je devais prendre sa place. Je lui répondis que je prêcherais si les diacres y consentaient. Il obtint leur permission ; je l'avertis que si je prêchais je dirais des choses cruelles. Il me pria de parler selon mon cœur. Il monta en chaire avec moi, et me présenta à la Congrégation disant qu'il avait confiance en la vérité des doctrines que j'allais prêcher, et pria l'assistance de montrer de la foi. Il prit ensuite place dans l'assemblée.

Au milieu de mon discours je fus interrompu

par un bruit étrange. Je regardai autour de moi et vis Weld, assis, les yeux fermés, noir de frayeur, agitant les mains comme s'il eût suffoqué et râlant d'une façon déchirante. La congrégation fut profondément troublée. Beaucoup de personnes se levèrent, quelques-unes sortirent de l'église. La crise atteint son paroxysme. La respiration de Weld devint de plus en plus rauque et effrayante. Il agita ses mains désespérément comme s'il eut nagé pour sauver sa vie. Jamais je ne vis d'agonie plus pénible. De nombreux assistants s'enfuirent effrayés. Enfin, une accalmie se produisit, et ces horribles symptômes s'atténuèrent. Weld recouvra son calme. Bientôt des éclairs de joie éclairèrent sa figure. Il ouvrit les yeux, se leva, et prit une attitude majestueuse. Sa figure s'illumina de plus en plus. Il regarda autour de lui et son œil eut des lueurs angéliques. Il arrêta son regard sur un jeune homme avec qui il avait eu dernièrement une discusion sur la doctrine de la sainteté. Il ne dit rien, mais

dans son regard il y avait quelque chose de
léonin. Le jeune homme pâlit. Il regarda ensuite
un autre adversaire de la sainteté, et celui-là
aussi pâlit. Enfin son œil rencontra le mien. Je
soutins son regard. Ses traits se radoucirent, il
sourit et baissa les yeux. De nouveau il eut un
accès de terreur. La congrégation se retira; je
demeurai avec quelques amis jusqu'à ce que la
crise fût passée et le reconduisis à ses apparte-
ments, chez M. Boyle.

Voici ce qu'il me raconta plus tard :

« Dès le commencement de mon sermon, les
mots qui tombèrent de ma bouche allèrent droit
à lui, et ce fut comme une flamme qui lui brûlait
l'esprit. Bientôt, ne pouvant plus supporter la
douleur, il voulut se lever et aller me frapper en
chaire, mais, à cet instant, une pensée lui vint à
l'esprit : « Ne touchez pas celui que j'ai oint, et
ne faites point de mal à mon prophète. » C'est
alors qu'il tomba dans un abîme de désespoir. »

Pendant un voyage qu'il fit à New-York,
M. Noyes passa par une série d'épreuves spiri-

tuelles aussi intéressantes qu'extraordinaires. Il les résume ainsi :

« Il est quelque chose que nous connaissons positivement : c'est le capital mental sur lequel nous pouvons compter, et que nous pouvons considérer comme sûr et de quelque valeur. Mais nous ne pouvons que deviner, penser, croire, espérer que telle autre chose est vraie, un billet de banque qui peut être bon ou mauvais, avec ou sans valeur. Bien des choses, tout en ayant du bon, sont semblables au grain, qui pour servir doit être passé au van. Il est bon d'avoir en main un certain nombre d'énigmes. Nous ne devons cependant pas compter vivre d'elles et les considérer comme des vérités pures, et — ce qui serait pire — les mélanger aux vérités reconnues. La méthode rationnelle d'investigation et d'économie mentale est de considérer la masse entière de nos pensées, puis de choisir les vérités que nous pouvons posséder, et, les mettant de côté, les garder comme la base de notre édifice moral. Peu importe si le tas est petit. Un peu d'argent et d'or vaut mieux qu'un boisseau de faux billets de banque. Nous pouvons alors nous tourner vers nos énigmes pour les déchiffrer, et les convertir le plus tôt possible en vérités évidentes, prenant bien soin de ne rien ajouter à notre trésor qui ne soit connu, et de bon aloi. Voilà le seul moyen d'acquérir et de conserver un esprit sain.

A son retour à Putney il convertit sa mère et son frère Horace à sa doctrine. Il passa ensuite six mois à New-Haven, contribuant à propager une publication intitulée « Le New-Haven Perfectionist », et revint après à Putney. Se reportant à cette période, il écrit : « Après quelque temps, Lovett quitta Brimfield et vint prendre part à mes travaux. Vers la même époque, je reçus une lettre de Ch. H. Weld disant qu'il revenait d'une visite à T. R. Gates qu'il avait hautement apprécié, et se proposait de venir à Putney pour quelque temps. Je lui répondis que je l'invitais cordialement et il ne tarda pas à venir. « La chaleur et l'accablement du jour » étaient cependant passés quand ces nouveaux frères me rejoignirent.

« Weld était alors en correspondance avec M⁰ Carrington, une dame habitant l'État de New-Haven, qui, par ses soins, avait été récemment convertie au Perfectionnisme, et planait dans les plus hautes régions de l'extase et de la jactance. Elle se distingua pendant quelque temps comme critique spirituel, mais dans la suite perdit la foi et... la raison. Ses lettres étaient surtout épicées de piquantes censures sur ma sagesse mondaine, et charnelle! Weld les lut en public, et en privé, les donnant comme de précieux documents.

« A cette époque j'eus une vive discussion avec mon père sur la nécessité qu'il croyait urgente de démentir certaines viles calomnies répandues sur mon compte. Il voulait que je me défendisse; je lui répondis que j'avais autre chose à faire et ne pouvais attacher d'importance à ce que je considérais comme des vétilles. Je lui déclarai que j'étais prêt à partir s'il désirait se séparer de moi, et c'est ce qui arriva. J'allai m'installer avec Weld chez M. Cutler qui était alors un chaud partisan des doctrines de sainteté. Nous restâmes là jusqu'à notre départ de Putney. Je ne pouvais plus compter sur l'aide de mon père. Cependant, au bout de quelques mois, nous nous réconciliâmes ; je retournai le voir, et, dans la suite, il se montra très bon. Les calomnies qui avaient occasionné cette dispute étaient, à cette époque, et furent longtemps entretenues par le clergé local. Bientôt elles disparurent. Les histoires que l'on racontait devenaient de plus en plus sottes et invraisemblables, si bien que les calomniateurs eux-mêmes finirent par ne plus les croire. La médisance, comme une rumeur sans fondement, est une bulle de savon qui éclate d'elle-même et cause ainsi sa propre fin.

Le conflit qui avait éclaté entre Weld et moi continua pendant notre voyage, et s'empira quand nous fûmes arrivés à New-Haven. Il n'y avait pas de dissension apparente entre nous, mais un antagonisme consciencieux et latent, une lutte d'esprit et d'intellect, une continuelle argumentation, ne roulant pas sur des mots, mais venant du cœur et du cerveau. Mes sensations pouvaient se résumer ainsi : une influence spirituelle émanant de Weld, sorte de sorcellerie peut-être, provoquait en moi un état psychologique pareil à celui qui se produit souvent dans les cas de morbide délicatesse de conscience. Je me trouvais dans l'alternative de céder au charme ou de l'anéantir en le réduisant à des subtilités.

« Si l'on me demandait d'expliquer une telle antipathie je répondrais que d'abord la vieille question de prééminence de volonté était toujours en jeu, et qu'ensuite, lorsque je communiquais extérieurement avec lui, je le trouvais dans un état d'âme et d'esprit analogue au mien. De guerre lasse, après avoir lutté longtemps, et sans grand succès, et ne voyant pas d'issue autre que la destruction de l'un de nous ou peut-être des deux, je décidais qu'il fallait, une fois pour toutes, s'assurer de qui avait la plus grande force spirituelle. La question une fois résolue, l'un de nous devrait s'avouer vaincu. Weld consentit à cet arrangement. Nous n'eûmes pas d'autre conversation avant la joute finale. Après un jour ou deux d'argumentation subtile, avec des alternatives de succès et de défaites, j'amenais son esprit dans un coin d'où la retraite était impossible; j'allais alors à lui, et lui dis ma victoire. Il était tout disposé à m'écouter; je lui expliquai en quelques mots l'avantage que j'avais sur lui. Il me comprit. Il n'y eut ni dispute ni mots amers échangés. Je sortis aussitôt; ensuite, avec l'appréhension instinctive que j'étais possédé du mal, et pendant une heure je marchais à travers champs, au sud de la ville, souffrant comme quelqu'un qui, dans une lutte contre un cyclone, se sent à peine triomphant. Quand je rentrais, j'appris que Weld avait eu une seconde crise semblable à celle qu'il avait eue un an auparavant. C'est ainsi que se terminèrent nos relations. Dans la suite, je lui écrivis la lettre de rupture qui mit fin à mes rapports avec lui. »

De retour à Putney, M. Noyes nous dit qu'il commença avec ardeur à réparer le désastre du Perfectionnisme, et à l'établir d'une façon permanente, « non pas en prêchant, et en excitant l'intérêt public sur une vaste échelle comme nous l'avions fait d'abord, ni en cherchant à rallier et à discipliner des régiments corrompus et désordonnés, mais en m'adonnant avec patience à l'instruction de quelques croyants à l'esprit simple et sans prétention, appartenant surtout à la famille de mon père. Je considérais alors la valeur de mes prosélytes plus que leur nombre, et la qualité que je préférais leur trouver, ce n'était pas l'éclat passager que j'avais si souvent vu s'éteindre misérablement, mais plutôt une sobre et timide sincérité. Je la trouvais dans le petit cercle de croyants de Putney. De plus, les écoles bibliques que j'ouvris pendant l'hiver 1836 annoncèrent la venue de jours meilleurs pour la cause que je prêchais, et pour moi-même. »

Le « petit cercle » dont il est question ici fut le noyau de la Communauté de Putney, qui comprenait M. Noyes et sa femme, ses sœurs Harriet et Charlotte ainsi que leurs maris et son frère, George M. Noyes. La Communauté de Putney devait bientôt devenir « La Communauté de l'Oneida. »

CHAPITRE III

POLYANDRIE

La Communauté se fit un devoir d'accueillir tous ceux qui désiraient entrer dans son sein ; et, grâce au noviciat qui était imposé aux prosélytes, ceux-ci étaient à même de se rendre compte de la mise en pratique des théories sociales et de leurs corollaires, théories incompréhensibles pour ceux qui les étudient de loin.

Certains partisans de l'Oneida, lecteurs assidus des publications de la Communauté et correspondants réguliers, se connaissaient cependant si peu que, ayant d'abord craint que leurs femmes ne pussent s'accommoder au système, ils étaient les premiers à être jaloux et mécontents, lorsqu'ils se trouvaient placés dans les conditions dont ils avaient si longtemps et si ardemment désiré l'accès. Dans ces cas, la femme, bien entendu, assumait le rôle auquel son mari n'avait pu se soumettre, et ce dernier, par la force des circonstances, apprenait par là même où il avait souffert, et suivant la loi natu relle se rendait compte de sa faiblesse et de son égoïsme. Bientôt il acceptait avec joie le bien-veillant secours de ceux dont il recherchait l'alliance.

S'il était reconnu incapable, et trop peu sin-cère pour soumettre sa vie à la critique de ses semblables, on lui conseillait de retirer sa fa-mille du sein de la Communauté jusqu'à ce qu'un ou plusieurs des siens pussent revenir dans ses conditions favorables. En général, ils ne tar-daient pas à revenir, et, en tout cas, des rela-tions amicales étaient toujours entretenues avec eux. Ces difficultés provenaient des usages so-ciaux de la Communauté — non pas parce que les nouveaux venus y trouvaient quelque objection (ils n'en avaient jamais), ayant soigneusement étudié les principes de la Communauté, et les ayant acceptés de plein gré — mais, parce qu'ils ne comprenaient pas la nature décisive des épreuves altruistes auxquelles ils devaient se soumettre.

Beaucoup d'entre eux étaient prêts à abandonner tous leurs privilèges, excepté celui qui leur accordait la mesquine autorité qu'ils avaient été habitués à exercer dans le sein de leur famille — ils désiraient, bien entendu, augmenter leur somme de bonheur personnel, mais ils ne pouvaient se résoudre à accorder les mêmes avantages à leur famille.

A d'autres il était impossible de ne pas être « petit autocrate », d'écouter leur épouse quand elle se joignait au reste des Communistes pour critiquer sa conduite.

A tous ceux-là il manquait « la chose nécessaire ». Le Christ soumit l'homme à sa première épreuve quand il lui dit : « Va vendre tout ce que tu as, et donne le produit aux pauvres. »

Il savait la faiblesse de l'homme et il appropria l'épreuve à la faiblesse. John H. Noyes savait quelle était la forme la plus ordinaire de l'égoïsme au dix-neuvième siècle, et il voulut que « ceux qui avaient femme fussent comme s'ils n'en avaient point ». — L'homme doit laisser à la femme toute sa liberté: voilà l'épreuve décisive qui permet de reconnaître la valeur de l'amour de l'homme envers son prochain; si cet amour est limité, il n'est pas communiste. Quelles que soient ses autres qualités, l'homme qui ne peut aimer une femme, et se réjouir de la savoir aimée par d'autres, est égoïste: qu'il reste donc parmi le vulgaire. Il n'y a point de place pour lui dans « le Royaume des Cieux ».

Cette rupture avec les usages consacrés était nécessaire pour tracer une ligne entre l'égoïsme et l'altruisme. Elle n'était point d'aucune façon un encouragement à la lasciveté, mais comme la pierre de touche de la sincérité humaine. Et John Noyes qui fut le premier à conduire ses disciples hors des voies ordinaires du mariage fut le premier aussi à fixer une étape dans l'ordre du mariage complexe, et à proposer un retour, non pas au principe de la monogamie, mais à son application. C'est ce que nous apprend la lettre de John Noyes en date du 20 août 1879, adressée à l'Oneida et que le « Socialiste américain » publia dans son numéro du 28 août 1879.

« Est-il nécessaire que je rappelle à la Communauté que nous avons toujours revendiqué la liberté de transformer nos pratiques sociales, et que maintes fois nous avons offert d'abandonner ce qui dans notre système semblait répréhensible au public? Nous nous sommes engagés dernièrement, dans une de nos publications, à nous soumettre à toute nouvelle législation qui serait dirigée contre nous.

« Beaucoup d'entre vous pourront se souvenir que depuis un an j'ai souvent dit que je ne considérais pas notre organisation sociale et spéciale, comme un des dogmes essentiels du communisme chrétien, et que probablement il nous faudrait la modifier tôt ou tard. Je crois qu'il est opportun de témoigner de votre liberté, et à cet effet je vous soumets les modifications suivantes.

« Je propose :

« 1° D'abandonner la pratique du mariage complexe, non pas comme un renoncement à son principe et par suite d'un doute sur les heureux effets qu'il entraîne, mais par déférence pour le sentiment public qui, incontestablement, nous est hostile;

« 2° De nous placer, non pas sous le drapeau des « Shakers » ou du vulgaire, mais bien sous l'étendard de saint Paul qui autorise le mariage, mais lui préfère le célibat. Pour opérer ce changement, il nous faudra méditer et étudier le chapitre 7 de la première Épître aux Corinthiens, où saint Paul traite de sa position, et de celle de N. S. Jésus-Christ dans les rapports sexuels du clergé vis-à-vis du monde.

« Si vous acceptez ces modifications, la Communauté sera formée de deux classes distinctes :

la classe mariée, et la classe célibataire, cette dernière considérée comme préférable. L'un et l'autre de ces états seront d'ailleurs légitimes. La Communauté sera, par suite, constituée comme suit :

« 1° Les biens de la Communauté resteront en commun comme présentement.

« 2° Nous resterons sous le même toit et prendrons nos repas à la même table, comme maintenant.

« 3° Nos enfants seront élevés en commun, comme ils le sont actuellement.

« 4° Nos réunions du soir continueront à être tenues pour notre bénéfice moral et intellectuel.

« L'élément communiste est assez respecté dans ses articles pour que la cohésion qui existe entre nous se perpétue. L'indulgence que l'on nous témoigne, et que le professeur Mears lui-même nous a promise si nous renoncions au caractère « immoral » de notre système, nous permet d'espérer en un succès croissant d'année en année.

« Il me semble personnellement que nous devons témoigner notre reconnaisuance à ceux qui veulent bien tolérer notre hardie entreprise. Nous sommes particulièrement redevables aux autorités, et aux personnes de notre voisinage, pour la bienveill nce et la protection dont ils nous honorent. Il est juste que nous nous efforcions de ne plus justifier le sentiment hostile qu'ils ressentent à notre égard, et nous saurons aussi montrer au monde que le communisme chrétien est assez fort de lui-même et assez malléable pour subsister même en dehors du mariage complexe. »

Ce message fut lu en Assemblée générale le 26 août 1879, et ses articles acceptés. Il est entendu qu'à partir de ce jour la Communauté sera composée de deux classes de membres : les célibataires, c'est-à-dire ceux qui font vœu de chasteté, et les couples mariés selon les principes monogamiques. La Communauté attend les témoignages de sympathie et d'encouragement qui lui ont été si libéralement promis au cas où elle renoncerait aux pratiques polygamiques. (Le Socialiste américain. 28 Août 1879.)

De nombreux journaux influents publièrent le message de John Noyes, l'accompagnant de commentaires, dont nous donnons ici un exemple, tirée du « Standard de Syracuse » (30 Août 1879)..

« La nouvelle publiée hier au sujet de John H. Noyes, le chef de la Communauté de l'Oneida qui pendant trente ans n'a été qu'un outrage à la morale publique, a causé une grande surprise aux chrétiens de New-York. La nouvelle, en effet, est stupéfiante! On nous accorde une concession que personne n'attendait, et n'osait espérer. L'Oneida déroute ses ennemis par un moyen très simple et très chrétien, en écrivant tout naturellement, comme on l'a fait pendant la dernière guerre : « Nous avons rencontré l'ennemi, et nous nous sommes joints à lui... » Et quand on réfléchit à la concession que l'Oneida accorde à ses adversaires, on a bientôt fait de s'apercevoir que l'avantage lui reste. La

Communauté se place de telle façon qu'elle peut prétendre s'imposer un sacrifice plutôt que faire souffrir ses adversaires. C'est l'argument de l'Apôtre Paul : « Si la viande répugne à ton frère, ne mange pas de viande. » — En faisant cette concession J. H. Noyes et ses disciples se montrent plus que sages et plus que chrétiens, — et se révèlent en même temps ennemis aussi circonspects qu'ardents et sagaces. »

On remarque que le message spécifie que la concession n'est que temporaire.

John H. Noyes définit rigoureusement sa position : Il propose de rompre avec le mariage complexe, non pas comme un renoncement aux principes et aux fins de cette institution, mais par déférence pour le sentiment public, montrant par là que la concession n'est qu'un expédient consistant à abandonner une pratique impopulaire jusqu'à ce que les objections formulées contre elle disparaissent par un changement dans l'opinion publique.

Renoncer au mariage complexe serait contraire au principe fondamental de la Communauté. Si le mariage complexe était immoral en 1879, il devait l'être aussi trente ou quarante ans avant. Tout au contraire, les résultats obtenus étaient absolument et indubitablement excellents, et s'ils l'étaient, ni M. Noyes ni la Communauté n'avaient le droit de supprimer leur cause initiale. Ils ne firent donc que ce qu'ils avaient le droit de faire, c'est-à-dire suspendre la pratique polygamique pendant un certain temps, et comme l'expédient que les circonstances imposaient. Plus d'une fois, par cause de maladie ou de persécution dans une famille, ou pour d'autres raisons encore, John H. Noyes proposa, et obtint une censure générale, et l'abstinence sexuelle temporaire. Les membres de la Communauté se consacraient alors entièrement à un examen de conscience, et témoignaient de leur force de volonté en refrénant, comme en usant de leur liberté. Ces époques d'abstinence duraient parfois trois jours, et parfois aussi six mois, et elles étaient rigou-

reusement observées par tous. Ils n'abandonnèrent pas plus leur liberté pendant leur interdic-
tion du mariage complexe, qu'ils ne l'avaient
perdue pendant les suspensions temporaires.
C'était une preuve de leur droit à user de leur
liberté comme ils l'entendaient : ils décidaient
de se soumettre à telle discipline jusqu'à ce
qu'ils jugeassent à propos de recouvrer leur
entière liberté. Ils s'étaient engagés devant le
public et ils se considéraient comme liés envers
lui jusqu'à ce qu'ils rompissent leur engage-
ment aussi publiquement qu'ils l'avaient contracté.— Comme nous l'avons déjà fait remar-
quer, M. Noyes ne considérait pas l'«organisation sociale et spéciale de la Communauté
comme un des dogmes essentiels au communisme chrétien. » Par compatibilité « le dogme
spécial » n'était pas essentiel à la confession et
à la profession de foi des Communistes, et, au
point de vue social et économique, il n'était point
d'importance vitale pour ceux qui savaient
« comment être humiliés. »

Mais il était nécessaire que pour l'éducation des jeunes et des profanes le mariage complexe et le criticisme, qui sont de si grande importance en la circonstance, fussent perpétués sous peine de voir le vrai communisme du cœur disparaître, quelque liberté d'ailleurs que les anciens pussent avoir dans l'application de ces principes initiaux. Le criticisme, rempart élevé contre le flux d'égoïsme, devenait dans la suite inutile, puisque l'introduction de la monogamie ne permettait plus à la femme de critiquer librement son époux, ou de le laisser critiquer par les autres. Les difficultés que créait ce nouvel état de choses seraient difficiles à démontrer : qu'il suffise de dire que le criticisme meurt nécessairement avec le mariage complexe et qu'il mourut en effet dans le sein de l'Oneida transformée.

Personne ne se rendit mieux compte du danger que John H. Noyes, mais il valait mieux aller au-devant des événements que d'être surpris par eux, et permettre ainsi à la Communauté de se transformer tranquillement, comme elle le fit, en une simple compagnie financière. Il n'existait point de loi qui pût intervenir dans l'organisation de l'Oneida, et, par conséquent, elle n'avait rien à craindre légalement — mais l'Église presbytérienne, et à sa tête le professeur Mears, d'Hamilton College, avait été l'ennemie infatigable de la Communauté, et, de concert avec l'évêque Hutington, avait organisé un mouvement en vue d'obtenir une loi contre la Communauté d'Albany. — Si Mears triomphait, il était impossible de prévoir ce qu'une bande d'hommes de loi et de politiciens sans principes aurait fait pour le malheur et la ruine des enfants de la Communauté. C'était par conséquent le devoir de son chef de la protéger du mieux qu'il pouvait. Des complications avaient surgi dans le sein de la Communauté qui rendaient la tâche plus difficile encore, mais il désarma complètement l'opposition du dehors en faisant une concession aux préjugés du public, et se mit en mesure de tirer les meilleurs plans quand la dissolution de la société se produirait — dissolution qui, par la nature des événements, était devenue inévitable.

Un homme aussi bien informé que le directeur du « Standard de Syracuse », connaissant à fond le sujet sur lequel il écrivait, devait savoir la portée de ses déductions en écrivant :

« En faisant cette concession, J.-H. Noyes et ses disciples se montrent plus que sages et plus que chrétiens, et se révèlent en même temps ennemis aussi circonspects que sagaces et ardents. »

Le caractère, par-dessus toute chose, est soumis à l'influence extérieure et subit un lent développement. Si, par conséquent, le mariage complexe avait été immoral, il n'aurait pas pu exercer une influence si moralisatrice sur ses adeptes. Quelque trente ans après son établissement, la polygamie avait doté ses partisans d'une sagesse et d'une valeur chrétienne introuvables dans la chrétienté qui, pendant plus de 2,000 ans, avait vécu du principe monogamique. Si le mariage complexe avait eu pour effet de produire une classe supérieure dans la société (et non seulement le « Standard de Syracuse » et ses contemporains, mais aussi tous ceux au courant de la question, admettaient la supériorité des communistes sur les autres individus, quant à l'honnêteté, la sobriété, la franchise, la bonté et toutes les qualités qui constituent la valeur morale d'un bon citoyen), le professeur Mears et sa coterie se dégradaient par leurs diatribes contre ce principe, car la loi de Celui qu'ils prétendaient servir peut se résumer ainsi : « Jugeons selon l'œuvre. »

La théologie du professeur Mears était aveugle, puisqu'elle ne reconnaissait rien de bon dans un système où tout s'était révélé bon et bien.

Suivant la formule chrétienne, la seule conclusion logique est qu'un système immoral n'aurait jamais pu servir à l'établissement d'une classe si parfaite de gens, et que la perfection de ces derniers ne pouvait reposer sur un système immoral.

CHAPITRE IV

LA PURETÉ D'INTENTION CHEZ LES PERFECTIONNISTES

Le public a toujours cru, et à tort, que le libertinage avait inspiré les fondateurs de l'Oneida : cette idée n'a d'ailleurs jamais pu germer que dans des cerveaux licencieux : elle ne repose sur aucun fondement, elle est aussi éloignée que possible de la vérité. Bien plus, il serait impossible de concilier de tels motifs avec le principe du criticisme. L'accès de la Communauté était interdit à tous ceux qui venaient à elle dans cette intention, sauf de très rares excep- tions, où l'indulgence de la Communauté avait été vivement sollicitée. Quoi qu'il en soit, on reconnut à l'unanimité qu'une lourde faute avait été commise lorsque les premières impressions de John Noyes furent incomprises. Tandis que ces rigoureuses précautions étaient prises contre les libertins du dehors, une étroite surveillance était exercée à l'intérieur pour combattre le sensualisme. Les gens qui attribuaient à John Noyes et aux principaux membres de la Communauté des sentiments autres que ceux inspirés par les motifs les plus élevés et les plus purs, ravalaient grandement les difficultés matrimoniales qui accompagnent une question si complexe, et oubliaient totalement qu'en violant ces principes les chefs de la Communauté auraient été en contradiction avec l'esprit qu'ils prétendaient avoir et s'efforçaient de développer.

Rien moins que le sens du devoir ne pouvait attirer hors des voies battues de la Nouvelle-Angleterre des individus aussi sincères que l'étaient les membres fondateurs et les rallier sous le drapeau de l'Oneida — et rien moins

que le désir ardent de s'élever et d'élever
les autres ne pouvait les empêcher de tomber
dans la tentation — d'où, comme le savaient
bien leurs détracteurs, ils n'auraient jamais pu
sortir.

Le verdict du public est toujours rendu avant
que les innovateurs aient eu le temps de se
justifier, et il ne pouvait en être autrement
dans ce cas, car l'homme est naturellement
enclin à rabaisser, plutôt qu'à élever, la nature
humaine, celle des femmes en particulier,
quoique celles-ci soient en général de beaucoup
supérieures aux hommes, au point de vue
spirituel et moral.

On trouve une preuve de l'infériorité de
l'homme par ce fait que tout l'édifice social a
été élevé contre les empiétements du sexe
féminin : aujourd'hui encore ces précautions ne
sont pas suffisantes.

Il était impossible d'espérer que les pires
calomnies ne seraient pas répandues sur le
compte de John Noyes : il est donc inutile de

réfuter les histoires ridicules qui avaient cours parmi le public dissolu de l'époque.

Au début de sa carrière parlementaire et quand il fut chargé du portefeuille ministériel, M. Gladstone fut le point de mire où tous ses calomniateurs dirigèrent leurs coups. Les séances à la Chambre ayant lieu le soir, très souvent c'était à l'aube seulement que M. Gladstone rentrait chez lui. Il passait par des rues détournées et généralement désertes. Pour des raisons personnelles, il préférait marcher. On pourrait croire que ce plaisir si modeste ne regardait personne, mais M. Grundy en jugea autrement. M. Gladstone fut surveillé. On constata qu'il arrêtait « des femmes déchues », et leur parlait, non pas une ou deux fois mais très souvent, et qu'il leur remettait « quelque chose d'écrit », qui évidemment ne pouvait être qu'un rendez-vous. Le pays entier apprit la chose. Personne ne demanda des preuves : d'ailleurs, le délit était flagrant : Gladstone arrêtait des prostituées sur la voie publique. Les journaux de l'opposition remplirent leurs colonnes du sujet. Exeter Hall même affecta d'être scandalisé et M. Grundy hurla de sainte angoisse. Les mois passèrent et M. Gladstone était muet comme un sphinx. Ce silence aggravait le cas. Quand tant de fumée fit croire en haut lieu à l'existence du feu, et que M. Gladstone jugea bon de parler, il expliqua que Mme Gladstone avait fondé un refuge de repenties (Magdalene Home) et qu'il ne manquait jamais l'occasion d'y inviter celles que la charité de sa femme pouvait secourir. L'affaire était privée, et on avait observé le silence pour ménager les sentiments de celles pour qui l'institution avait été fondée.

Voilà un excellent exemple de la méchanceté des esprits impurs qui se permettent de juger la vertu.

Le seul nom de Madeleine suggère quelles auraient été les conclusions tirées de la conduite du Christ à son égard s'il avait vécu de nos jours.

En son temps saint Jean-Baptiste « ne mangeait, ni ne buvait, et ils l'accusèrent d'être possédé du démon ». Le fils de Dieu mangeait et buvait, et ils s'écrièrent : « Voyez le glouton, voyez l'ivrogne », l'ami des cabaretiers et des pécheurs. John Noyes ne pouvait pas prétendre être mieux traité du public que ne l'avaient été le Christ et tous les grands réformateurs.

C'est commettre une injustice manifeste que de condamner un homme sans connaître les motifs qui l'inspirent, surtout quand son passé est pur. Pour croire John Noyes coupable, il fallait que le public ignorât son histoire, et vînt immédiatement à la conclusion que le « home » glorieux du communiste, son atmosphère de bonheur, cette famille où la joie brillait sur les visages, et où l'amour débordait de tous les cœurs, n'était point le fruit de quarante années d'altruisme et d'aspirations divines, mais plutôt une manifestation de l'égoïsme et que les nobles femmes qui luttèrent avec tant de sublime ardeur pour délivrer leurs semblables des chaînes de la société, et de l'esclavage où elles étaient soumises, n'étaient point ce qu'elles prétendaient être, mais des inassouvies sous le commandement d'un homme dont la façon de vivre était diamétralement opposée à la conscience.

Il n'y avait point de moyen terme en l'occasion : ou John Noyes était un homme bon jusqu'à l'héroïsme, ou bien diaboliquement mauvais, — et l'Oneida était ou bien un paradis de pureté et de félicité, ou un enfer de vice et d'hypocrisie. Ceux qui ont prêté quelque attention à ces calomnies hésiteront à se dégrader en y donnant foi. L'extraordinaire incompatibilité de faits serait une réponse suffisante à ces attaques, mais il est certaines gens à l'esprit faux, incapables de juger sainement surtout en matière conjugale, tant qu'il existe le plus petit faux-fuyant, où ils peuvent se réfugier. Il faut cependant supporter ces gens-là. Les formes d'esprit héréditaires ne sauraient être modifiées sans effort, pas plus que les autres hérédités.

Les erreurs de jugement en ce qui regarde

les relations de l'homme et de la femme, sont profondément enracinées, et facilement entretenues, par les théories sociales et morales courantes. Les gens qui pensent feront bien de s'en souvenir, et de n'accorder aucune foi à ces histoires tant qu'il subsiste un doute : le premier récit et le plus populaire est souvent le plus sujet à caution. Il est facile d'expliquer pourquoi l'attitude de John Noyes et de ses disciples en matière conjugale fut incomprise de ceux qui n'y voyaient que du mal et de repousser ainsi les accusations formulées contre la communauté.

A la fondation de la Communauté les membres de l'Oneida étaient presque tous « régénérés », c'est-à-dire avaient abandonné les vieilles coutumes sociales, et, plaçant « leur affection plus haut », s'étaient embarqués à la recherche de la vérité, déterminés à la trouver quelque part qu'elle fût. Si longue et si pénible qu'ait pu être la tâche de leur chef à détourner ses disciples dévoués du Puritanisme de la Nouvelle-Angleterre, elle était au moins facilitée par ce fait qu'elle s'adressait à des hommes et à des femmes au jûgement mûr, capables de raisonner et assez courageux pour suivre la vérité dans ses déductions logiques. Ils étaient plus faciles à diriger que la seconde génération, qui grandissait dans la famille sans avoir éprouvé le réveil spirituel, qui précède la régénération, ou qui l'accompagne. Ces enfants étaient nés au dehors, dans les circonstances hasardeuses habituelles, sans avoir subi l'influence de la stirpiculture rationnelle ou des conditions post-natives autres que celles que reçoit la majorité des enfants. Ceux-ci entrèrent dans la Communauté sur la seule volonté de leurs parents, sans que leur avis ait été demandé, pas plus qu'il ne l'avait été quand ils étaient venus au monde. Ces enfants, d'âges différents, ne connaissaient rien de la vie, et ne savaient point sur quoi se baser pour se former un plan de conduite dans l'avenir. Il fallait se mettre à leur niveau, et c'est à quoi s'appliquèrent les chefs de la communauté.

Le plus grand danger que court l'enfance est l'ignorance dans laquelle elle est laissée des choses sexuelles, ignorance que la morale moderne, dans un esprit de prudence et de pruderie radicalement faux, développe et augmente encore plus. A l'âge de puberté tous les enfants montrent plus ou moins de curiosité pour les choses sexuelles, et ceci les conduit à se former, et à se communiquer des idées spéciales. Ces idées sont nécessairement fausses, et très souvent les conduisent au mal, et à une hâtive dégénérescence. Le plus souvent ces fausses conceptions sont transmises, colportées par les plus âgés, expliquées entre frères et sœurs qui n'ont point d'autre moyen de s'instruire des choses les plus importantes de la vie. Dans sa forme la plus inférieure, la nature sexuelle de l'homme n'est qu'animale. Sous l'influence de l'amour elle subit des émotions, et l'émotion aide et conduit au raffinement spirituel. Tel est le processus de l'animalité à la régénération. John Noyes savait qu'en entourant ces enfants d'une atmosphère de puritanisme il aliénerait sûrement l'affection qu'ils pourraient avoir pour la communauté et qu'ainsi tout espoir en une seconde génération serait perdu. Tout radical et original qu'il était, il avait le courage de ses convictions, et il se mit à étudier la vie de ces enfants. Il les encouragea à se confier à leurs aînés, comme étant mieux placés, et désignés pour les conseiller. Il leur enseigna qu'il n'y avait rien de répugnant dans leurs organes sexuels, et rien de coupable dans leurs désirs. Ils apprirent ainsi à vénérer « le Père Noyes », pourquoi leurs petits malheurs n'étaient point triviaux ni leurs peines indignes de sa sympathie.

Leurs amours, leurs déceptions, leurs jalousies, leurs succès, leurs échecs furent considérés dans le même esprit qui conseillait, critiquait, apaisait aussi, et leur donnait aussi plus de force dans le grand voyage de la vie.

On apprit aux filles que leurs premières sensations sexuelles étant naturellement les plus importantes, il était nécessaire qu'elles reçussent

ces sensations de ceux des membres qui sauraient les développer avec la conscience qu'ils
exerçaient une fonction pure et naturelle dans
un ordre spirituel. Ils verraient un devoir là
où d'autres ne verraient qu'un plaisir personnel.

Les filles apprenaient ainsi qu'il était de toute
importance que les anciens fussent chargés de
cette initiation avant que les jeunes jouissent
d'une liberté dont ils pourraient abuser. C'était
une application du « principe de l'ascendance »
qui montrait que par ce moyen, par cette association avec leurs aînés, les jeunes étaient plus
sûrs d'atteindre la perfection, qu'en se rabaissant au niveau de ceux qui n'étaient point aussi
parfaits. John Noyes adopta toujours le moyen
propre au but qu'il se proposait d'atteindre, et
son but tendait constamment à secourir ses
semblables. Si sa méthode ne convenait point à
ceux qui recherchaient le mal, il ne s'en suit
pas qu'il avait tort. Il s'est toujours trouvé que
son mode d'éducation était approprié au cas

S'il réu sait à élever, à perfectionner une nature grossière, la pureté de son esprit n'en souffrait point, mais semblait au contraire témoigner de la force de celui « qui se baisse pour conquérir ».

On a toujours reconnu qu'il était excellent de placer les natures spirituelles près des natures inférieures afin de perfectionner ces dernières. Le procédé réussit admirablement avec la seconde génération.

Quelques-uns des plus âgés, qui avaient été par conséquent plus longtemps en contact avec le monde et n'étaient point suffisamment altruistes, se retirèrent, mais la majorité demeura dans la Communauté, pour l'ornement d'un « home », qui n'eut jamais son pareil depuis la création du monde. Les enfants étaient élevés dans le sein de l'Oneida et complétaient leurs études dans un collège public. Il y eut évidemment quelques mécontents, qui entretinrent une sorte de mauvais esprit dans la Communauté, mécontentement qui se changea bientôt en rébellion quand l'influence des vrais altruistes ne fut plus assez forte.

Beaucoup de jeunes filles devinrent sténographes et compositrices de premier ordre ; elles écrivaient pour le journal, s'occupaient de cuisine, et pouvaient pratiquer l'art dentaire. Quelques-unes étaient excellentes musiciennes ; l'une étudia avec un maître de New-York et acquit un talent de chanteuse qui eût peut-être fait la gloire d'un Opéra.

Les jeunes hommes organisèrent une fanfare, et un orchestre à cordes, qui exécuta des morceaux classiques, tandis que d'autres étaient excellents solistes. Tout concourait à l'harmonie de la seconde génération, à concilier ses différents éléments et le génie de la communauté, et à assurer au système d'éducation de John Noyes un succès complet. La même méthode fut appliquée à la troisième génération et réunit une majorité suffisante, — mais des éléments de discorde avaient cependant pénétré dans le sein de l'Oneida, et avaient une

influence détestable sur certains esprits. Des
factions s'élevaient contre ceux qui avaient
consacré leur vie, leur fortune à détacher la
Communauté de ceux qui voulaient s'immiscer
dans ses affaires sans pouvoir apprécier la
grandeur de son but, et le rationalisme d'un
régime ayant contribué à former une classe de
jeunes gens qui, pour la pureté du cœur et
la noblesse des sentiments, n'ont jamais été
surpassés en ce monde.

CHAPITRE V

LA VIE INTÉRIEURE DE LA COMMUNAUTÉ DE L'ONEIDA

f' La critique était à la Communauté ce que le flot est à un navire. Aux individus elle était ce que le feu est à l'or. A moins qu'un homme ne soit sincèrement désireux d'atteindre la perfection, une investigation dans sa vie privée, qu'elle vienne de lui-même ou d'autres, est si désagréable qu'elle constitue comme une épreuve décisive pour la sincérité. D'autre part, comme les gens y sont si sensibles, l'art de critiquer de façon à provoquer la sympathie et non la colère, calmant la blessure qu'elle fait, exige une rare perfection spirituelle.

Il est étrange que tant de visiteurs trouvent si grand plaisir à admirer la Communauté, ses terres, son « home » et ses habitants, et que pas un d'eux ne tienne à sa vie intérieure, dont le confort extérieur n'est qu'une manifestation. Des gens vinrent de toutes les parties du monde pour voir par eux-mêmes ce qu'était le « Royaume des Cieux ». Des centaines de visiteurs ont été reçus en un seul jour par les Communistes. Quelquefois la foule a été si considérable que le travail devait être suspendu pour que les visiteurs aient assez de guides. Ils parcouraient les jardins, les ateliers, les demeures, et prenaient possession de la salle de concert. Une telle foule demandait un véritable service d'ordre, tandis que d'autres Communistes veillaient aux désirs de leurs hôtes. Que l'on s'imagine une maison de campagne ayant à nourrir de cent à mille personnes presque à l'improviste, et l'on pourra se former une idée du travail de ces jours-là. Il fallait que les gens fussent nourris, amusés et surveillés. Il fallait improviser des concerts, et parfois des séances dramatiques. Les invités étaient cependant toujours enchantés de l'accueil qu'ils recevaient. Tous les Communistes qui s'efforçaient de répondre à leurs exigences sentaient qu'ils prêchaient l'Évangile du Christ, en dévoilant la vie de la Communauté. Mais quand le dernier train était parti, tout le monde se mettait à l'ouvrage avec le désir d'effacer les traces du passage des visiteurs. Les morceaux de papier, les bouts de cigarettes et d'allumettes, les coquilles de noix et les autres débris étaient soigneusement enlevés des jardins et des cours. Les planchers étaient nettoyés et recouvraient leur propreté primitive. Ils ne restait pas une seule trace qui pût indiquer le passage d'envahisseurs grossiers. Chaque chose était remise en place, toute prête à subir la visite du lendemain. La paix et la pureté régnaient dans le sein de la Communauté, comme si jamais elles n'avaient été troublées. Le travail n'était nullement fastidieux, parce qu'il était fait par les « abeilles »; toute la Com-

munauté y prenant part avec enthousiasme, et
faisant en quelques minutes ce que d'autres
n'eussent pas fait en plusieurs heures. Le travail fini, avec des soupirs de soulagement, tout
le monde se retrouvait avec bonheur, tous les
cœurs battaient à l'unisson, et il y avait un-tel
débordement de force que ceux qui étaient passés par ces fatigues et retrouvaient le repos
étaient seuls capables de comprendre. On
ignore ce qu'une batterie de vrais cœurs est
capable de faire ! La Communauté se rendait
compte de la philosophie souvent incomprise de
la Parole du Christ : « Là où deux ou trois sont
réunis en mon nom, là aussi je suis », et elle
prenait soin que l'esprit de leur réunion soit
conservé en pratiquant le plus possible les
épreuves critiques. Après une visite, ceux des
membres qui avaient été le plus en contact avec
le public se soumettaient à la critique, afin que
leur esprit fût débarrassé de la contamination
du monde. Pour la même raison, ceux des
membres qui voyageaient, recherchaient de nou-

velles forces dans le sein de la Famille, en sollicitant, avant de partir, sa critique. Les mots affectueux de tant de vrais amis restaient vivants dans leur mémoire et les plaçaient au-dessus du monde où ils étaient, pour rester en communion de pensée avec ceux qui attendaient leur retour. Un bain les débarrassait de la poussière du voyage, et la critique les débarrassait de la contamination, tandis que les bras ouverts les recevaient pour leur prodiguer les caresses des cœurs qui battaient d'amour sincère. Adieux et bienvenues cordiales éclairaient la vie des voyageurs, et constituaient une récompense pour les plus méritants.

Le tabac fut prohibé dans la Communauté à l'unanimité. Les hommes avaient d'abord fait usage du tabac sous une forme ou une autre, mais il est probable que personne n'en avait reconnu l'utilité. La critique eut bientôt fait de montrer que lorsque les femmes recevaient des marques d'attention des hommes, leur plaisir était gâté par l'odeur du tabac. Le parfum du tabac n'est pas fait pour augmenter la magie du baiser. On remarquera qu'il était incongru que le communisme fût appliqué à toutes choses excepté au tabac. Si son usage était bon, pourquoi en exclure les femmes? Il fallait choisir, et, la logique aidant, le tabac fut prohibé. L'excitation provoquée par les alcools et les aliments trop fins fut reconnue anormale et inutile. Les Communistes étaient en quelque sorte végétariens : ils mangeaient de la viande occasionnellement, mais n'en faisaient pas leur nourriture essentielle. Il fut reconnu que la viande avait une tendance à former des tissus grossiers, et, par conséquent, à entretenir un tempérament grossier.

Le baiser n'était pas d'usage aussi répandu dans la Communauté qu'il l'est dans le monde, pas plus d'ailleurs que la poignée de main. Les Communistes avaient trop à faire avec leurs visiteurs quotidiens pour échanger des marques de sympathie entre eux, et à des moments qui pouvaient ne pas convenir à l'un des individus. Le bon goût et la critique régularisaient cela,

comme le reste. Le baiser et l'étreinte des mains
signifiaient quelque chose de plus qu'une commune salutation. La main et le cœur allaient de
pair, et le magnétisme que le baiser provoque
était trop important pour ne pas être soigneusement étudié. Quand ces marques d'affection
étaient inopportunes, la critique se chargeait
d'éclairer les fautifs d'une manière toute ami-
cale. Les Communistes ne s'embrassaient pas en
public, parce que ce dernier était toujours aux
aguets pour découvrir quelque chose qui pût
servir de fondement aux méchants bruits qui
couraient sur le Communisme, ou pour faire pendant à quelque scandaleuse invention. C'est
pourquoi ces marques d'affection étaient parfois gênantes pour les femmes, et les hommes
les respectaient trop pour les exposer aux re-
gards curieux et malveillants. Cette coutume
fut donc en défaveur dans le sein de la Communauté. L'absurdité de cette habitude dont la bana-
lité et l'insignifiance nous sont révélées par la
façon européenne de présenter la joue pour

recevoir le baiser inapprécié devient plus inopportune encore de nos jours où la vapeur et l'électricité jouent un si grand rôle. Un conducteur de tramways électriques dont le devoir est d'observer un horaire rigoureux hurle : « En voiture, mesdames, vivement ! » tandis que ces dames s'embrassent encore et encore, cherchant chacune à avoir le dernier mot, au désespoir des voyageurs impatients, dont la colère s'exprime par des grognements incivils, tandis que les dames s'étendent tout au long sur la vulgarité de ces « grossiers conducteurs ». Voilà la réduction à l'absurde du baiser. Quand il s'agit de trains ou de tramways à voie unique, ces retards sont si graves que l'on a cherché à obtenir une loi qui mît fin à ces sottes démonstrations. L'absurdité de cette coutume n'est surpassée que par l'affolement du public, que la concurrence presse, leur laissant à peine le temps de jouir de ces choses pour lesquelles ils luttent, et ne leur en laissant pas du tout pour échanger ces témoignages d'affection, sans lesquels la vie ne vaudrait pas la peine d'être vécue. La règle que les Communistes observaient dans les expressions de leurs sentiments en temps approprié leur fut imposée par le contact qu'ils avaient à subir avec le monde extérieur. De là, ils furent obligés d'observer l'opportunité plutôt que la spontanéité de leur sympathie. La critique n'était pas seulement une barrière élevée contre les gens du dehors, mais aussi contre les progrès du mal à l'intérieur. Cette règle n'était pas absolument née dans le sein de l'Oneida. C'était plutôt une adaptation, comme nous allons le voir par l'extrait suivant, tiré des « Épreuves religieuses de John H. Noyes » à l'époque où il avait environ vingt-et-un ans.

« Par suite de mon désir de devenir missionnaire, mes relations avec les missions devinrent plus étroites, et je fus admis dans l'intimité des milieux choisis qui avaient existé depuis le temps de Newill, Fisk, etc... Parmi ceux avec qui j'étais en relations, je me souviens de Lyman et de Munson qui furent tués par les cannibales il y a quelques années dans une île des Indes Orientales ; Tracy qui, je crois, est actuellement en Chine ; Justin Perkins, le missionnaire et champion « Nestorien, » qui alla en Afrique et mourut à son retour en Europe. Un des exercices les plus fréquents de cette société, consistait à se critiquer le plus sincèrement possible en vue de s'améliorer réciproquement. Voici comment on procédait. A chaque réunion, le membre dont c'était le tour suivant l'ordre alphabétique observait le silence, tandis que ses frères lui disaient, les uns après les autres, ses fautes, le plus simplement du monde. Cette coutume blessait souvent l'amour-propre d'une façon très cruelle, mais il était contraire au règlement de se provoquer, ou de se plaindre. Je trouvais de grands avantages à cette méthode, à l'époque où j'étais à Andover, et aussi dans la suite. On voit par là qu'un certain nombre de jeunes gens adoptèrent la méthode critique comme moyen de perfectionnement, et qu'il n'est pas plus difficile à qui que ce soit de se soumettre à une méthode semblable, pourvu que l'on soit inspiré du même désir. Tant que les gens n'ont pas ce désir, il est difficile pour eux de faire partie d'une société analogue. Il ne pouvait pas en être autrement dans le sein de l'Oneida. Les jeunes gens pouvaient trouver le procédé arbitraire jusqu'à ce qu'ils aient appris à en apprécier les bienfaits, mais quand ils en avaient contracté l'habitude, ils apprenaient à aimer les moyens par lesquels ils s'étaient perfectionnés, et à se réjouir des résultats que leurs souffrances leur avaient apportés... Un postulant qui avait été habitué à l'étiquette du monde, et aux compliments agréables qui y sont échangés, essaya de retracer les sensations qu'il avait éprouvées lors de sa première épreuve critique, mais il dut reconnaître qu'il ne le pourrait pas faire en toute sincérité.

« Moi qui m'étais appliqué à être aussi parfait que possible, moi, qui avais été un habitué des églises et des réunions religieuses, des Écoles du Dimanche et des Écoles Pauvres, moi qui avais toujours vidé ma bourse pour le bonheur des misérables et qui, plus que tout autre, avait contribué à la prospérité de l'Association des Jeunes-Chrétiens de New-York, moi qui avais réglé pendant des mois et des mois ma conduite et mes idées avec l'espoir qu'elles seraient en harmonie avec l'esprit de l'Oneïda, je fus critiqué en tout et pour tout. Chaque trait de mon caractère, dont je me faisais gloire, semblait être méconnu, et après avoir été, en quelque sorte, retourné sur toutes les coutures, je me trouvais, pour ainsi dire, sens dessus dessous, de telle sorte que toute la piété dont je me targuais puisse résoudre et disparaître. John Noyes pansa les blessures que la critique m'avait faites et me dit beaucoup de bonnes paroles; je ne sais pas quels mots il employa, peut-être est-ce là façon dont il parla, ou le magnétisme qui se dégageait de sa personne ou de l'esprit qu'il représentait, quoi qu'il en soit, je ne trouvais pas un seul mot qui me permît de répliquer : je sentis mon âme se fondré en larmes, mais j'avais encore trop d'orgueil pour me donner en spectacle. Le travail commençait à peine. Pendant des jours et des semaines, je me rappelais divers passages de la critique à laquelle j'avais été soumis, et je les vis sous un nouveau jour. Plus je réfléchissais, plus je devenais convaincu de la justice contre laquelle je m'étais d'abord révolté. Dans la suite, mon expérience de la critique m'apprit que les points que j'avais le plus méconnus étaient, après mûre réflexion, parfaitement justes. Aujourd'hui, je donnerais avec joie dix ans de ma vie si je pouvais, une seule fois encore, subir la critique de John H. Noyes [1].

« Je fus admis au noviciat, et l'on me fit comprendre que je serais aussi admis aux réunions de famille seulement, que j'aurais la jouissance des propriétés de la Communauté, que l'on

---

[1] On peut dire que John Noyes était comme le total et l'essence même de tout le bien de la communauté. Tous hommes et femmes sont ses débiteurs insolvables. Tout le secret de son caractère réside dans son amour démesuré du Christ. — F.

pourvoirait à mes besoins, mais que je ne devais pas avoir d'autres prétentions surtout au point de vue sexuel, jusqu'à ce que la Communauté jugeât à propos de m'admettre définitivement.

« Je me soumis de bon cœur à ces conditions et commençai mon noviciat comme cuisinier. J'avais été homme de loi dans l'autre monde : je n'étais pas ici pour la forme, mais pour rendre des services. Je fus successivement cuisinier, boulanger, garçon de ferme, garçon de comptoir, teneur de livres, chauffeur, plombier, lampiste, correcteur d'épreuves, éditeur, et il m'est difficile de me rappeler ce que je ne fus pas. Aucun travail n'était considéré comme dégradant dans la Communauté. C'était, au contraire, un privilège d'être admis, à quelque titre que ce soit, à une si noble cause. Au temps où j'étais chauffeur, un ministre épiscopal était gardien de w.-c., et nous avions l'habitude de rire de l'incompatibilité de nos études antérieures et de nos fonctions actuelles. Jamais il ne nous est venu à l'idée de nous plaindre de notre sort; nous nous considérions comme les jouets d'une bonne plaisanterie et nous étions les premiers à nous en amuser. Les circonstances où je me trouvais et mes occupations extérieures m'empêchèrent, pendant cinq ans, de devenir membre effectif de la Communauté, et, pendant tout le temps de mon noviciat, je ne fus ni mécontent ni malheureux. Mon âme était aussi paisible que l'eau d'un lac. Tout le monde m'aimait et j'aimais tout le monde. Il va de soi qu'il était impossible à un homme de vivre si longtemps dans une telle atmosphère de liberté sans être tenté de donner son cœur à une des adorables femmes avec qui je me trouvais en contact quotidien. Mais je savais que je n'étais pas autorisé à m'abandonner à la tentation, et si je trouvais ma volonté chancelante, je demandais le secours de la critique. Mme Harrietta Noyes, l'épouse de John Noyes, connue sous le nom de « Mère Noyes », fut ma plus chère confidente et conseillère. Jamais je n'ai vu une si excellente femme. On retrouvait toujours des forces en sa présence.

« C'est un des commentaires de la Communauté qu'un homme fort et sain, dans la force de l'âge, ait pu vivre cinq ans parmi ces femmes et avoir une force de caractère assez grande pour ne pas tomber dans la tentation et trahir la confiance que l'on avait en lui. D'ailleurs, après avoir été admis dans l'intimité de ces jeunes femmes et de ces jeunes filles dont les formes gracieuses eussent fait l'ornement d'un atelier d'artiste, je devins un intime, et dans des termes qui ne sauraient être comparés à ceux du monde. Jamais je ne me permis la moindre liberté à leur égard ; jamais je n'échangeais un baiser avec elles. Bien peu d'hommes et certaines femmes voudront me croire. Cela montre seulement que les gens à l'esprit façonné d'après nos conventions sociales actuelles, sont incapables de comprendre ce qu'étaient la force et la puissance de la vie commune dans ces jours sereins, pour ceux qui pouvaient l'apprécier dans leur existence quotidienne.

« Je ne connus jamais la jalousie. C'était un sentiment contraire à l'esprit de l'Oneida. Ce ne serait rien moins qu'un miracle si je n'étais pas tombé amoureux.

« Un exemple montrera au lecteur à l'esprit éclairé qu'il y a de la pureté dans toutes les manifestations de l'Amour et que l'Amour dans le sein de l'Oneida était le prototype de la pureté. Aux temps de mes premières relations avec la Communauté, je fus frappé par la tournure d'esprit charmant d'une jeune fille (si différente des autres femmes du monde!). Dans tous ses mots et dans tous ses gestes elle était raffinée. Sa simplicité et sa liberté montraient qu'elle était bien l'enfant de la Nature, mais rien ne semblait étranger à son esprit. Elle était si simple qu'elle semblait ignorer le charme qui se dégageait de sa personne et elle prenait plaisir à faire ressortir les qualités des autres. Plus je la vis, plus je l'admirais, et je fus amoureux avant que de le savoir. Mon premier mouvement fut d'aller trouver la mère Noyes et de me confesser à elle. L'aimable femme sourit et me dit qu'élie n'était pas surprise de mon aveu, car il était impossible de ne pas aimer une si excellente fille, et que je n'avais pas à m'excuser d'une faute qui n'en était pas une. Elle me conseilla d'éviter toute allusion à mon amour, car la jeune fille serait alors sur la réserve et nous mettrait tous les deux mal à l'aise, mais de me conduire comme si rien n'était, et de m'efforcer d'obtenir la grâce et la force qui me permettraient de garder ma foi à la Communauté et envers ma propre conscience. « Dieu aidant, j'aurai en temps voulu ma récompense. »

« L'homme normal, dit John Noyes, aime la femme normale. Le caractère exclusif de l'affection, comme le veut la romance conventionnelle, est une anomalie fatale, et contraire aux hautes manifestations de l'amour.

« J'aimais en silence, pendant des années, avec la même satisfaction de savoir que pas une seule fois ma conduite à l'égard de celle que j'adorais ait pu soulever la critique ou, autant que je sache, lui causer quelque peine. Je trouvais des forces là où d'autres eussent succombé. Si l'objet de mon amour trouvait du plaisir dans la société des autres hommes, j'étais heureux de la savoir libre, et de voir qu'aucun de mes actes ne l'entravait dans sa vie. Lorsque je devins membre effectif, je m'efforçai de ne pas m'imposer à son attention. Nos relations devinrent naturellement plus intimes, mais j'évitais de faire l'aveu d'un amour qui, s'il était partagé, nous mettrait à part de la Communauté, et, au cas contraire, nous causerait à tous deux une douleur profonde. Cependant, dans ma prière fervente, je compris bientôt que celle que j'avais si longtemps et si tendrement aimée avait une telle confiance en ma loyauté qu'elle n'hésitait plus à se donner à moi. Elle le fit avec la simplicité qui lui était propre. Je compris alors la portée des mots de la mère Noyes : « Dieu aidant, en temps opportun, vous aurez votre récompense. » — Dans ces courts moments je sentis toute la gloire de mon amour, et fus heureux de savoir que, dans l'autre monde, notre amour ne serait ni plus pur, ni plus sacré. Si le récit de ce simple épisode tombe sous les yeux de celle qui en est l'héroïne, j'en appelle à la pureté de mon intention, et sollicite son pardon pour avoir rapporté l'histoire de cet amour sacré. Je l'apprécie trop, pour en parler à la légère, et son caractère serait altéré, n'était le but que je me propose en montrant à à ceux que la vérité peut toucher, que les rapports sexuels dont John Noyes est l'apôtre, sont d'une nature toute céleste. »

Se basant sur l'expérience passée des relations conjugales, il est naturel de supposer que lorsqu'un homme et une femme s'unissent dans le but sacré d'avoir un enfant, leurs rapports sont d'une nature telle qu'ils provoquent le désir d'une propriété exclusive et réciproque contraire à la vie domestique du communisme. La théorie est tellement plausible qu'elle a eu un grand crédit auprès des critiques de l'Oneida, et a été exposée au public par un ethnologiste distingué qui a expliqué ainsi le déclin et la dissolution de la Communauté. Il est cependant évident que ce désir d'exclusive propriété ne fut nullement engendré par la stirpiculture, et la prétendue cause n'a absolument rien à faire dans la dissolution de la Société. Un membre de la Communauté nous raconte lui-même un fait qui montre combien la jalousie masculine, le défaut de la cuirasse des systèmes monogamique et polygamique, était inconnu chez les Perfectionnistes grâce à leur loi de l'Amour. Nous rapportons le cas ici pour montrer la difficulté que les esprits égoïstes ont à surmonter pour comprendre l'affection céleste qui unissait entre eux John Noyes et ses disciples :

Charles C. était un jeune homme de grande valeur, et d'une noblesse de caractère peu commune. Il était tombé amoureux de Miss B. qui était à peu près de son âge, et qui, comme lui aussi, avait été amenée dans la Communauté

dès sa plus tendre enfance. Ayant un tempérament très ardent, la nature des sentiments de
ce jeune homme nécessitait souvent l'intervention de la critique pour raffermir ses forces
contre les tentations, qui mettaient sa foi
chrétienne à l'épreuve. Cet amour était réciproque, et si violent qu'il était difficile de le
contrôler.

La Communauté qui était toujours très
opposée à l'égoïsme en amour, comme ailleurs,
crut prudent, lorsque Charles C. et Miss B.
désirèrent s'unir afin d'avoir un enfant, de
donner un autre époux à la jeune fille, et de
faire de même pour Ch. C.

Les tempéraments, et aussi les inclinations
personnelles ayant été reconnues néfastes pour
les enfants, Ch. C. et Miss B. ayant été soumis
à la critique, pour avoir eu une tendance à
s'isoler, et à compromettre l'amour communiste, on jugea mauvais de les encourager dans
cette voie, et l'on considéra les intérêts moraux
avant les affections personnelles et excluvsives.

Ceci fut une épreuve très dure pour Charles C., mais il n'entretint jamais une pensée jalouse contre l'homme qui partageait avec lui une femme ; — au contraire, avant que l'enfant fût né, il l'aimait aussi tendrement, et prit autant de soin de lui que s'il avait été son propre fils.

Miss B. avait été l'objet de l'admiration de toute la Communauté. C'était une femme d'une grande beauté. Sa grâce aisée, son aimable caractère et ses talents lui avaient acquis toutes les sympathies La maternité l'embellit encore, et mon amitié pour elle se changea en amour. Bien que Ch. C. connût mon affection pour elle, il était loin d'entretenir la moindre haine pour moi, et nos relations continuèrent d'être excellentes. N'ayant pas été élevé parmi les Perfect'onnistes, je n'étais pas assez pénétré de leur esprit pour comprendre leur altruisme en amour, et par conséquent je n'appréciais pas à sa juste valeur la noblesse de Ch. B. C'est ainsi que lorsque je visitais Miss B. dont la chambre donnait sur le même corridor que celle de Ch. C, je m'efforçais de passer inaperçu; et si Charles apparaissait lorsque j'étais avec elle, je me retirais toujours. Plus tard, j'appris que cette façon d'agir causait à Ch. C. la peine que je cherchais à lui épargner : il était blessé de ce que ses relations avec Miss B. fussent comme un empêchement aux miennes.

Un soir que j'étais dans la chambre de Miss B., son enfant était si agité que tous nos efforts pour le calmer restaient sans résultats. La porte s'ouvrit, et Charles C., prenant l'enfant dans son berceau si tranquillement que nous nous aperçûmes à peine de sa présence, l'emporta dans sa propre chambre. Pas un mot ne fut échangé, mais cette action si insignifiante en elle-même me révéla la noblesse du caractère de Charles C., noblesse que j'étais loin de lui supposer. Sa sollicitude, sa mâle et cepen-sant délicate façon d'agir, son élan si généreux, firent une impression sur moi qui ne s'effacera jamais. Je fus tout honteux d'avoir eu le moin-dre doute sur la sincérité de son altruisme. Il est inutile d'ajouter que, plus que jamais, nous fûmes excellents amis. On se demande comment il se fait que dans le sein de l'Oneida les hommes aient été diamétralement différents du reste de leurs frères dans leurs relations sexuelles : autant l'explication semble facile à ceux qui ont vécu dans cette condition, autant elle est difficile à comprendre pour ceux qui ne savent rien des lois suprêmes de l'amour dans le mariage complexe. D'abord, qu'est-ce qui constituait la différence entre l'Oneida et le reste de la société? les Perfectionnistes avaient consacré leur vie à la recherche de la plus haute vérité qui soit au monde, et ils jouirent du plus grand bonheur en réalisant cet idéal.

Dans le monde ordinaire, les gens consacrent leur vie à rechercher la plus grande somme de bonheur et de confort, en satisfaisant leurs intérêts personnels, d'abord, en protégeant, et en faisant respecter leurs droits, revolver ou poignard en main.

Ceci est vrai, invariablement vrai en matière

conjugale. On considère qu'il va de l'honneur des hommes d'aimer leur femme ou leur fiancé, d'exclusive façon, s'attribuant comme un monopole, et se tenant toujours prêts à commettre toutes les indignités et tous les crimes dès qu'ils ont le soupçon d'une infidélité. La société est d'ailleurs constamment prête à soutenir leur crime. Les idéals des deux formes de mariage étant absolument contraires, en ce qui touche l'exclusion, le caractère des intéressés doit l'être aussi diamétralement. Si un homme a appris à se faire un idéal d'égoïsme, il sera nécessairement plus ou moins soumis à la jalousie, et son amour tiendra du caractère de la brute, sans qu'il soit restreint par l'instinct brutal. Mais si cet homme a été assez heureux pour avoir été élevé dans les principes du mariage complexe, dont l'essence même est l'altruisme, la nature sera façonnée sur l'idéal qu'il poursuivra, et son plus grand bonheur sera de contribuer au bonheur des autres. Bien entendu, la vie sera réglée sur l'idéal proportionné à la sincérité du désir que l'on aura d'y parvenir. Donc, la condition qui manque à la société pour élever sa conception de l'amour, c'est un idéal suprême, accompagné du désir sincère d'y atteindre. Tout le secret du succès que pendant une génération entière l'Oneida a remporté en matière conjugale, vient de ce que les Communistes s'étaient fait un idéal et constamment y tendaient.

CHAPITRE VI

DÉVELOPPEMENT SPIRITUEL DE LA SOLUTION
DES PROBLÈMES SEXUELS

Il est inutile de s'étendre sur l'incompatibilité du mariage monogamique et des exigences sociales, parce que les faits courants, la presse quotidienne et les cours de justice prouvent abondamment la nécessité d'un nouveau système social. Il n'est pas non plus nécessaire d'entamer une discussion pour prouver à la classe pensante qu'un système quelconque, qui atténue les misères de la vie matrimoniale en accordant à la femme la liberté de son corps, et en lui permettant de limiter le nombre de ses enfants, et de leur choisir un père, ne peut qu'augmenter les influences néfastes qu'ont à supporter des millions de gens. On reconnaît que la question n'est pas tranchée et chaque fois l'incertitude augmente. Il n'est pas question de réformer le système social actuel, mais de l'améliorer. La Communauté de l'Oneida a démontré qu'il existait une méthode qui permettait d'arriver à ce résultat, et par conséquent les théories et la pratique qui s'y rapportent sont d'un intérêt capital pour les réformateurs, et aussi pour ceux qui ne sont point satisfaits de l'état social actuel.

A l'aurore de ce que les Communistes appellent le mariage complexe, l'attention publique fut attirée vers le mouvement de l'amour libre qui naquit parmi les sensualistes, dont la réputation licencieuse devint telle, que John Noyes se montra impitoyable à leur égard, et s'efforça, non seulement de désapprouver leurs pratiques, mais aussi d'éviter tout rapport avec eux, ou avec ceux avec qui ils avaient affaire. Malgré ces précautions, il fut impossible à la Communauté d'échapper à la réputation détestable des adeptes de l'amour libre, et le terme « amour libre » appliqué à l'Oneida, malgré sa continuelle désapprobation, apportait avec lui l'odeur de vice dont il était chargé. Les Communistes abandonnèrent dans la suite le nom de partisans de l'amour libre. Les gens de New-York central avaient été habitués au nom, et l'appliquèrent à la Communauté, sans réfléchir à sa valeur. Les Communistes furent d'abord appelés Perfectionnistes, parce qu'ils prétendaient avoir été sauvés du vice, et comme cela formait la base de leur doctrine, le nom n'en était que plus approprié. L'idée de former une famille dans une atmosphère céleste était incompatible avec le vice. Tout le mal vient de l'égoïsme, et si l'amour exclut l'égoïsme, il exclut nécessairement le péché. Si par conséquent l'amour était développé, le salut en serait la suite logique, et les Perfectionnistes méritent bien leur nom. Ils ne pouvaient pas tarder, dans leur développement de l'amour fraternel, à rencontrer les problèmes sexuels. Ils les rencontrèrent dès le début, et cherchèrent hardiment une solution.

Le mariage monogamique tel qu'il existait dans le monde, était en dehors de la question dans les sphères célestes, car le mariage dans ces conditions est fondé sur l'égoïsme, et l'altruisme est le principe fondamental d'un état céleste. Les deux choses sont si opposées l'une à l'autre, qu'elles ne pouvaient pas être conciliées. Les Perfectionnistes comprirent qu'ils devaient abandonner ou le mariage ou leur idéal. Sans hésiter, ils abandonnèrent le mariage se plaçant dans une position analogue à celle de l'église chrétienne, « où ceux qui ont une épouse, sont comme s'ils n'en avaient point ». Cherchant à s'élever vers un idéal chrétien, les Perfectionnistes ont progressé au delà de la vulgarité du monde, dans des sphères plus élevées, et il est dès lors d'importance capitale de déterminer quel serait le mode de vie qu'ils choisiraient. Prenant leurs ordres du Christ, ils

apprirent que le Communisme était l'idéal de
vie céleste, et que dans un état où la propriété
n'avait point de valeur, elle ne saurait exister.
Il s'en suivit nécessairement qu'un homme ne
pouvait pas plus s'approprier une femme qu'une
autre chose; c'est ce qui suggéra aux Juifs cette
interrogation au sujet d'une femme, qui avait
été mariée plusieurs fois : De qui serait-elle
l'épouse le jour de la résurrection? Le Christ
répondit qu'à la résurrection « Il n'y aurait ni
mari, ni femme, mais seulement des anges », et
de la sorte, il confondit les ergoteurs. Les Perfectionnistes, dont la pensée sincère s'était
tournée vers les anges, comme les élus du
royaume qu'ils cherchaient à atteindre, y trouvèrent des vues nouvelles, et découvrirent les
différences fondamentales qui existaient entre
l'homme et l'ange. On objectera peut-être
qu'il suffit de vivre dans un monde, et que
c'est fanatisme de vouloir vivre dans une autre sphère que dans celle où nous vivons,
mais la parole du Christ nous enseigne que

« tout passe ici-bas, et qu'à la fin ceux qui ont femme sont comme s'ils n'en avaient point ». Il est illogique d'appliquer les enseignements du Christ à une seule chose, à l'exclusion des autres. Si le Christianisme exige un changement radical dans le cœur et la nature de l'homme, il s'ensuit fatalement que d'autres changements doivent être opérés dans le milieu de ces premières choses. La morale d'un homme dont l'influence principale est l'égoïsme, ne peut pas être adaptée aux besoins et au génie d'un peuple, dont le sentiment initial est l'antithèse de l'égoïsme. Les Perfectionnistes n'auraient pas éprouvé de difficultés dans ces diverses exigences en ce qui concernait les membres originaux, parce qu'ils étaient tous parvenus à cette transformation de la nature qui s'appelle la régénération ; et aussi, par rapport aux lois suprêmes de l'amour, il n'était pas possible qu'ils attentassent volontairement à la liberté de leurs semblables, pas plus qu'il ne leur était possible de retomber dans le péché dont ils

avaient été sauvés. En se plaçant même sur le
plan de l'amour libre, ils eussent été justifiés,
car ils étaient sous le contrôle de l'amour vrai,
« qui ne veut aucun mal à son voisin ». Il y
avait trois questions à considérer avant que de
s'engager dans l'amour libre, et toutes trois
demandaient à être résolues :

1° Bien que la nature régénérée des parents
puisse modifier le milieu où se trouverait
leur descendance, et accoutumer ainsi les
enfants aux influences d'ordre supérieur,
ces derniers devraient cependant juger par
leur propre expérience, d'ailleurs comme leurs
parents, car on ne pouvait pas espérer que
des changements caractéristiques se repro-
duiraient après une ou deux générations[1].
C'est pourquoi les premiers Perfectionnistes
trouvèrent bon d'apporter quelques modifications dans le caractère angélique de la théorie
dont l'élimination de l'égoïsme serait la base

---

[1] Chaque individu devait passer par l'étroite porte de la
régénération.

spirituelle, dans l'établissement d'un nouveau
système de relations sexuelles, qui marquerait
la scission des usages du monde, et contiendrait,
en même temps, en elle-même, une influence
restrictive qui tiendrait en échec ceux qui seraient enclins à l'égoïsme. Ils nommèrent leur
nouveau système « mariage sexuel ». La stirpiculture est un facteur si important dans la
rédemption du monde, que le moyen le plus sûr
d'avoir des sujets parfaits, est de les mettre au
monde parfaits. Cette responsabilité qui s'impo-
sait aux Perfectionnistes d'enseigner à leurs
semblables à améliorer leur race, était si évidente qu'il s'en suivit une sorte de compromis
entre le monde terrestre et le monde céleste.
La procréation est nécessairement confinée aux
choses matérielles, et, en ce qui regarde la progression des lois de la nature, c'est la préroga-
tive et le devoir de tous ceux que cela concerne,
de propager les bons sujets et d'exclure les
mauvais. Le contraire prévaut en ce siècle de
perversion. Les prêtres catholiques que l'on pré-

tend les plus vertueux, les mieux éduqués, et les plus raffinés, sont soumis à la chasteté, et les familles riches, celles dont les moyens leur permettent d'élever et d'éduquer leurs enfants dans les meilleures conditions, sont, pour différentes raisons, les moins nombreuses, tandis que dans la classe pauvre, au contraire, les ignorants et les vicieux sont aussi prolifiques que des lapins. Tant que les Perfectionnistes se tinrent sur le terrain neutre entre des sphères angéliques et terrestres, ils ne pouvaient pas ignorer la responsabilité qui leur incombait de part et d'autre, et ils durent agir pour le mieux. A cette fin, ils adoptèrent le mariage complexe.

3° L'amour étant le sentiment suprême qui gouverne tout dans les hautes sphères de la vie, les habitants de ces hautes sphères n'élèvent aucune barrière contre lui. Soulagés du milieu matériel, les âmes se confondent entre elles suivant leur tendresse naturelle, comme en chimie les éléments sont soumis aux lois de l'affinité. La confession du Christ, la continence, le mariage complexe et la critique, voilà les différents facteurs que les Perfectionnistes adoptèrent pour combattre l'égoïsme de la monogamie et pour se préparer à l'exercice de cette liberté plus complexe qui est le privilège de ceux qui sont nés à nouveau dans l'Évangile de l'Amour. Ils ne compromirent aucun de leurs principes par une entente avec le monde : ils limitèrent seulement un droit *pro tempore* plutôt que d'exciter trop vivement les préjugés de ceux qu'ils se proposaient de régénérer et s'efforcèrent seulement d'élever leurs enfants jusqu'à ce qu'ils fussent d'âge à agir selon leur propre raison.

Cette rupture d'avec les coutumes établies rendit chaque mâle de la Communauté l'époux de toutes les femmes et chaque femme l'épouse de tous les hommes. Chaque homme s'engagea à témoigner le même amour et la même considération, la même protection à toutes et à chacune des femmes, comme il le ferait à l'égard d'une épouse sous le régime monogamique, et ce principe fut si religieusement observé que pendant une période de trente années il ne se produisit pas un seul cas d'apostasie.

Un des caractères les plus importants du système était que chaque femme n'était, en aucu. cas, soumise aux exigences de l'époux quand ces exigences lui étaient déplaisantes. Elle était absolument libre d'accepter ou de repousser les propositions du mâle puisque c'est l'homme qui propose. Et, pourtant, l'homme n'a pas le privilège exclusif de l'amour. Suivant la nature, il est parfois préférable, et pour beaucoup de raisons, que la suggestion vienne de la femelle. Dans toute la nature, c'est l'élément femelle qui provoque et l'élément mâle qui lui répond. Le même principe prévaut, que ce soit le pollen qui tombe à l'invitation du pistil, ou l'animal, poisson, quadrupède ou volatile ; c'est la femelle qui invite le mâle, grâce à des procédés trop évidents pour n'être pas reconnus, trop réservés pour être importuns. Il y a toutes sortes de

raisons pour lesquelles la nature doit être observée par les êtres conscients.

L'importunité du mâle est rare dans la nature,
et il en serait de même parmi les hommes si le
droit de la femme à contrôler ses inclinations
amoureuses était reconnu comme une loi naturelle.

Il y a des milliers de moyens plus subtils que
les mots par lesquels une femme peut exprimer
ses sentiments, comme l'homme possède des
moyens que n'a pas l'animal d'espèce inférieure, de sorte qu'il n'y a pas de danger qu'une
femme raffinée fasse violence à la sensibilité
d'un homme, pas plus qu'il est possible à
l'homme de mésinterpréter la femme et de s'exposer ainsi à son refus. La soumission de la
femme pendant tant d'années (pendant si longtemps que la chose est devenue habituelle) est
une des phases du Féminisme qui exige une
attention toute spéciale. Sa confiance dans
l'homme est devenue héréditaire, et la confiance qui conduit à la crainte, à l'esclavage, à

la flatterie et à l'adulation constituent un état de choses contre lequel une femme faible est incapable de lutter, de sorte que, s'étant soumise à l'influence dominatrice de l'homme, elle en est devenue le jouet. C'est, d'ailleurs, sa propre faute autant que celle de la société.

Dans ces circonstances, il sera impossible de rendre une femme libre tant qu'elle n'aura pas été éclairée sur le faux sentiment auquel l'ignorance et la superstition l'attachent. Il faut qu'elle ait l'ambition de devenir la mère d'une race meilleure. Elle ne voudra plus être un jouet et une commodité. C'est une fausse conception de la liberté que de laisser une femme qui a été élevée dans l'ignorance des vices de l'humanité se jeter dans les bras du premier libertin qu'elle prendra pour un ange. Partant du même principe, il serait injuste qu'un jeune homme, victime de sa nature sexuelle trop développée, laissât celle-ci croître au point de constituer une tare héréditaire, et lui laisser une liberté qui ne ferait qu'aggraver son cas. Il est donc

7.

nécessaire qu'il y ait une certaine éducation dans l'un comme dans l'autre cas et, bien entendu, il doit aussi exister une certaine discipline... La liberté ne va donc pas sans certaines restrictions.

L'éducation qui permettrait à l'homme et à la femme de jouir de leur liberté dépendait du criticisme et sépara ainsi les Perfectionnistes de la catégorie des Partisans de l'Amour libre. Il était impossible que les Perfectionnistes tombassent dans les théories du droit irresponsable des partisans de l'Amour libre : « Aime aujourd'hui, oublie demain ». Chacun était responsable de ses actes et, bien plus, aucun homme ne pouvait approcher une femme si elle n'y donnait son consentement absolu. Les hommes et les femmes se courtisaient à peu près comme tous les amoureux, avec cette restriction que l'amour spécial, quand il prévoit un caractère égoïste et exclusif, était exclu. Si un homme désirait posséder une femme, il devait en faire la demande par l'intermédiaire d'une troisième personne,

une femme de préférence, et d'un âge qui lui
permît d'agir comme conseillère. Cette habitude
constituait quelque chose de plus qu'une forma-
lité. La femme ainsi invitée était libre d'accepter ou de refuser l'offre sans avoir le désagré-
ment de refuser elle-même : en somme, une
excuse n'était point nécessaire ou exigible.

Là où les femmes étaient libres d'accepter ou
de repousser les offres des hommes, la vie prenait un caractère de galanterie continuelle, les
uns et les autres cherchant à sympathiser et
s'efforçant d'atteindre un idéal réciproque en
respectant la vérité et les principes du Communisme.

Le criticisme révéla tous les secrets, et personne ne fut tourmenté par les remords de
conscience. Les secrets des amoureux eux-
mêmes, qui sont considérés comme trop intimes
pour être divulgués, étaient souvent soumis à la
critique s'ils portaient ombrage à la vérité. Le
secret n'existant pas, la confidence reposa sur
le fond solide de la vérité, à laquelle le criti-

cisme prêtait son puissant concours. Grâce à lui, toutes les erreurs étaient rectifiées aussi bien que les tentations, et tous les cœurs apprenaient à battre à l'unisson. Beaucoup de gens fort bien intentionnés, pleins de considération pour les autres, qui étaient, par ignorance ou par stupidité innée, incapables d'adapter leur façon de faire à la sensibilité des autres, apprirent, grâce au criticisme, à leur grande surprise et à leur grand étonnement, ce qu'ils n'auraient jamais appris autrement.

La continence fut le mot d'ordre des Perfectionnistes. Elle fut appliquée à toutes les circonstances de la vie. Sans elle, la théorie sociale de l'Oneida n'aurait eu aucune application pratique possible. D'ailleurs, la continence en amour n'était pas possible sans la continence dans la boisson et la nourriture. La continence devait être le principe inspirateur de la vie de chaque membre, de sorte que le *consensus* de la continence était une force si puissante dans la famille, que le contrôle de soi-même devint plus facile à observer que l'indulgence. La confession chrétienne fut aussi d'un grand secours en l'occasion et fut employée toutes les fois que les Perfectionnistes sentaient que son intervention était nécessaire pour renforcer la volonté. Ce fut une source intarissable de force. Différents esprits adoptèrent différentes philo- sophies pour expliquer ce phénomène, mais, il n'y a aucun doute que la force obtenue par ce moyen était proportionnelle à la foi avec laquelle elle était demandée. En tout cas, le secours ne manqua jamais ni aux vieux ni aux jeunes, et dans la bouche des bébés le mot agit comme un charme. Quelle que fût l'insubordination de l'enfant, ou sa perversion, si on le pouvait dé- cider à dire : « Je reconnais que le Christ est l'esprit parfait », aux nuages et aux pleurs suc- cédaient aussitôt le soleil et les sourires.

CHAPITRE VII

LES PARENTS

La stirpiculture est un mot que John Noyes inventa pour désigner la progression de l'homme obtenue par la sélection des parents. Beaucoup de gens font des objections à cette assimilation de l'homme à l'animal, ou à toute théorie qui le soumet aux lois de la nature dans la reproduction des autres animaux. Ils ont raison, mais seulement en ce qui concerne la propagation des êtres pensants qui doivent être soumis à des conditions psychologiques qui ne sauraient exister chez des êtres inférieurs. Le problème se trouve ainsi compliqué par le fait que la progression spirituelle et corporelle doit être opé-

rée simultanément. C'est une grosse considéra
tion que cette partie de l'éducation, où le tempérament et la constitution ont leur importance,
et où la nécessité d'un état conscient d'un
milieu approprié à un cerveau affiné par l'hérédité, joue un si grand rôle.

Cette concession ne suffit pas à compenser la
perversité de ceux qui affectent d'être horrifiés
à l'idée de comparer l'homme à l'animal inférieur. Quèls que soient les préjugés dont ait à
souffrir l'évolution, il est cependant impossible de nier que l'anatomie comparée est une
science indiscutable. Il y a bien de quoi être
épouvanté à l'idée que, tandis que l'on étudie,
avec le plus grand soin, le moyen d'améliorer
les différents types inférieurs de la vie, l'homme
défie les lois naturelles de la sélection en s'u-
nissant à la femme sans s'occuper des conséquences futures. On dépense des millions pour
améliorer les races domestiques, mais l'homme
et la femme se permettent de céder à des influences les plus triviales, telles que la position

sociale, les considérations financières, laissant
au seul hasard le soin de produire des sujets
intelligents ou idiots, sains ou malsains.

Les quelques rares personnes, qui ont le
cœur de discuter la question, sont plutôt por-
tées à développer le physique de l'homme que
son moral, et manquent ainsi le but de l'idéal
parfait.

L'Oneida, pendant de longues années, évita de
discuter la question de la perpétuation du Communisme en hérédité. Elle avait fait un grand
pas dans la voie des réformes, en adoptant le
mariage complexe, mais avant d'en entreprendre
de nouvelles, il fallait attendre que la morale
publique fût au niveau du mouvement organisé.

Les lois qui régissent la naissance étant naturelles, elles ne pouvaient pas toujours être
ignorées, et lorsque l'heure fut propice, John
Noyes ouvrit le sujet sous le titre de stirpiculture, et commença une campagne dans cette
direction.

Ceux qui connaissent quelque chose à l'élevage, et aux différentes méthodes d'amélioration animale, peuvent se faire une idée des conditions multiples qui doivent être étudiées avec soin ; la moindre négligence peut être un obstacle au résultat. Les éleveurs dressent des listes de sujets qu'ils se proposent d'obtenir, et, choisissant les spécimens qui leur semblent les plus propres, opèrent avec patience une sélection rationnelle, accouplant sans cesse les sujets qui se rapprochent le plus de leur type modèle, jusqu'à ce qu'après de longs et assidus efforts ils atteignent leur idéal. La même chose s'applique à la culture des fruits, des fleurs, des légumes et des céréales.

Avant l'apparition de la civilisation ou de l'histoire, une sélection scientifique produisit la banane de fruits sauvages à graines, et le blé et autres céréales, d'herbes sauvages. Toutes les fois que l'homme a cherché à utiliser les productions spontanées de la nature, ses efforts ont été couronnés de succès. La coopération de

la science et des lois naturelles a toujours été
suivie de résultats satisfaisants, et il n'y a aucun
doute que cette coopération de la conscience
humaine est une des formes de l'évolution. Il
est impossible de supposer que Dieu aurait pris
tant de peines pour développer la conscience
humaine, et l'ignorerait ensuite. Si la conscience est une des formes de l'évolution, la
coopération de cet état doit évidemment appar-
tenir au domaine de la progression. Et pourtant, personne n'avait songé à appliquer un
système scientifique pour l'amélioration de la
race humaine, ou, si quelqu'un en avait eu
l'idée, la morale sociale et les préjugés popu-
laires l'avaient empêché d'en faire une application pratique. Il serait surprenant que la possibilité si évidente de la culture humaine ait
échappé à l'intelligence grecque, mais, malgré
toute leur science, les Grecs n'avaient pas le
cœur d'appliquer humainement les principes de
la stirpiculture. Les Spartiates firent quelque
effort dans cette direction, mais leurs efforts se

bornèrent à l'éducation physique. Par le fait même qu'ils réussirent à faire de si remarquables guerriers, on voit que la nature est toujours prête à seconder les efforts que l'on peut faire, dans la culture humaine, comme dans celle des animaux. Les Spartiates ne pouvaient apprécier que la force physique; aussi, malgré leur puissance guerrière, n'étaient-ils que des pygmées intellectuels; comme peuple, ils comptaient parmi les plus superstitieux et les plus ignorants de toute la Grèce. Si le bien avait été l'idéal des Spartiates, plus que le beau, des résultats également frappants auraient suivi leurs efforts, et l'excellence morale conservant l'excellence physique eût sauvé la Grèce des débauches dégradantes, qui la conduisirent à sa ruine. Si le développement dans les différentes espèces de la nature, n'avait pas été aidé par l'intelligence de l'homme, des siècles de sélection naturelle n'auraient pas suffi pour améliorer le blé et les autres céréales, de sorte que la terre serait incapable de produire assez pour nourrir plus d'un dixième de sa population présente. Mais les récoltes abondantes de fruits et de blé montrèrent quels progrès on aurait réalisés si la même attention avait été accordée à l'espèce humaine, comme aux autres espèces naturelles. Malgré la perfection extraordinaire de la science en agriculture, en horticulture et en élevage, les ressources du monde sont si disproportionnées, que beaucoup souffrent de la famine tandis que d'autres meurent d'excès. Les causes de telles différences peuvent être attribuées seulement à l'usage irrationnel que l'homme fait des provisions divines. La première cause, et la plus directe de toutes ces privations, dont l'humanité souffre, provient d'une diversion d'intelligence des divers moyens de coopérer avec la nature, dans l'évolution de la race, et de s'écarter d'elle pour la simple satisfaction de désirs anormalement développés.

L'homme a aidé la nature dans ses productions, et le résultat a toujours dépassé son attente, mais il est en contradiction avec elle en ne lui accordant pas la même attention dans le développement de sa propre race, comme il l'a fait en culture animale et végétale.

La nature est si prolifique, que rien, sauf l'imprudence des gens, ne saurait épuiser ses ressources, et la disette n'est jamais due qu'au manque de mesure dans la nature humaine, qui rend la demande disproportionnée à la production. La famine dans un pays est contrebalancée par l'abondance dans un autre pays. Les aliments ne manquent pas, mais tant que l'homme aura si peu de considération pour lui-même en reproduisant si follement, et en convertissant une aussi large proportion de produits alimentaires en alcool, pour la dégénérescence de sa race, aussi longtemps prévaudra la famine.

L'homme n'a pas seulement failli en ne collaborant pas avec la nature pour l'amélioration de sa race; il a cherché à pervertir cette nature d'une telle façon, qu'il en est arrivé à se mettre au ban de sa domination, car il n'est point de loi naturelle qui puisse être violée impunément, chaque faute apportant sa conséquence. En cherchant à stimuler et à satisfaire ses inclinations naturelles au lieu de développer sa nature spirituelle, l'homme a « surpeuplé » le monde d'une descendance sans grande valeur, c'est-à-dire que, plein d'inconséquence, il a augmenté le nombre d'individus, sans tenir compte de la proportion relative des aliments dont il disposait, et sans tenir compte de la qualité scientifique de ses descendants. Par conséquent, si la progéniture n'a qu'une valeur très relative, la cause en est à une négligence dans l'observation des lois de l'hérédité. Contre tout précédent dans la nature, l'homme s'est, par la force brutale, assuré des prérogatives sur le sexe faible, tandis que, dans toute la nature, c'est la femelle qui invite le mâle. L'homme seul claque des doigts et peut dire : « La femme est à mes ordres, elle est mienne, elle me sera une commodité pour la satisfaction de mes désirs, elle aura autant d'enfants qu'il me plaira de lui en faire, et que ma passion voudra bien lui en donner. » La conséquence de cette infraction à la loi naturelle est qu'une vaste population a envahi le monde sans que l'on ait pourvu à ses besoins, dans les pires des conditions prénatives et post-natives, telles que celles d'être un incube inévitable et inévité. Une telle population placée dans de telles conditions inonde le monde de pauvreté et d'ignorance, au lieu de répandre la prospérité et l'intelligence. Les efforts de la nature pour contrecarrer les effets de la perversité de l'homme amènent la guerre, la peste, la famine, comme les conditions contraires à l'hygiène provoquent la fièvre, pour brûler les mauvais effets d'une vie contraire à la nature. Avant que l'homme primitif se soit développé, l'évolution avait préparé un moyen propre à l'exercice de la conscience, en choisissant parmi les animaux les plus propres à la reproduction. Au fur et à mesure que la conscience se développait, l'intuition prit la place de l'instinct, et l'élément femelle, étant par nature plus intuitif que l'élément mâle, assura des conditions plus favorables à une collaboration avec la nature pour la progression de la race. La nature lui assura donc des moyens plus directs de parvenir au point qui la concernait. Toute la vie animale s'est soumise à l'instinct, mais l'homme, par un état conscient exagéré, a donné l'intuition, de sorte qu'il se vante, comme c'est son droit, d'être le roi de la création, tandis qu'au fond, il n'est que l'esclave abject de sa nature passionnelle, monstrueusement développée. L'éducation seule n'est point suffisante ; il faut qu'elle soit exercée simultanément avec un système rationnel d'amour. Quand, par l'éducation, on est arrivé à un résultat cérébral satisfaisant, il faut que l'avantage ne soit pas perdu par un effort exagéré et peu judicieux, mais qu'il soit intensifié et rendu permanent par l'intuition infaillible qui suit nécessairement, tout effort intelligent pour améliorer l'humanité, en recherchant les meilleures conditions où les meilleurs traits soient transmissibles.

Quand l'homme et la femme auront tous les deux développé leur nature intuitive, il importera peu quel sera l'agent qui réglera l'union des sexes, car l'intuition chez l'homme est généralement aussi sûre que l'instinct chez l'animal, mais jusqu'à ce que l'homme ait atteint une plus noble nature, il vaut mieux que ce soit la femme qui prenne l'initiative des choses sexuelles, étant par nature plus intuitive, et mieux placée par rapport à la loi naturelle.

Tant que l'intuition ne sera pas comprise, les gens s'exposeront à commettre des fautes en stirpiculture. L'humanité est une chose trop compliquée pour pouvoir être traitée seulement sur ce terrain scientifique, la science seule ne pourra jamais la pénétrer; il faut qu'une intelligence plus élevée la dirige, et cet effet ne pourra être obtenu que par intuition ou par nécessité. Une intelligence supérieure a, suivant le processus naturel de l'évolution et dans tous les âges, produit une civilisation supérieure et des types humains supérieurs, sans que l'effort de l'homme ait eu à s'exercer, sauf dans le contrôle des actions. L'intensité des traits caractéristiques de l'esprit de caste développé pendant longtemps, et l'extinction de diverses tribus ou nations disparues avec leurs traits caractéristiques par conquête ou par captivité, constituent le plan de l'évolution devant l'absence de moyens plus parfaits de progression. Il n'est pas nécessaire de s'étendre sur le fait que tant de sang, de souffrances et de temps aurait pu être épargné, si la conscience humaine avait aidé la nature dans son travail. Mais l'homme n'était pas assez intelligent pour connaître sa puissance latente, et, malgré tous ses merveilleux exploits dans d'autres directions, il n'a pas encore compris la part de responsabilité qui lui revenait dans la reproduction de sa race. L'histoire abonde en exemples où les desseins de la nature se sont révélés dans ses efforts vers la perfection, par le moyen du sabre, de la peste, de la famine, et de toutes les cruautés que l'homme est capable d'infliger à sa race. Le Christ fut part et produit de l'évolution; il dit : « Je suis venu pour apporter un glaive sur terre », et cependant il fut appelé le Prince de la Paix. Tant que l'homme ne sut pas interpréter convenablement sa parole, il lutta contre ses semblables, au sujet même de cette parole, de sorte que le glaive du Christ ne rentra jamais dans son fourreau, et les torrents de sang qui ont inondé le monde pendant l'ère chrétienne, sont un des principaux facteurs de l'évolution depuis que le monde est créé. De cette période de cruautés sans précédent, la race anglo-saxonne émergea, développant une civilisation où les défauts ont paru plus évidents par contraste, mais où la vérité abstraite a été recherchée avec plus d'ardeur éclairée que dans toute autre race. Leur meilleur élément fut obligé de se mettre à l'abri de la persécution, et s'établit sur les côtes de l'Amérique. A mesure que le Christianisme se développait, les vérités principales commencèrent à poindre dans la conscience de quelques peuples. Les Quakers cher-

chèrent à démontrer que la guerre n'était plus
nécessaire pour assurer aux peuples leurs droits
et privilèges. La Communauté de l'Onéida a démontré que la conquête et la captivité n'étaient
plus nécessaires à l'évolution de la civilisation.
Leur organisation prouva que hommes et
femmes se préparent à concourir avec la nature,
en opérant une sélection des parents, par un
choix judicieux, en évitant les conséquences
funestes de la guerre, par une heureuse collaboration d'efforts paisibles et scientifiques, avec
la nature et atteignant le but vers lequel ni la
conquête, ni la captivité, fruits de l'ignorance,
n'avaient pu les conduire. A mesure que les
masses appréhendaient l'esprit du Christ, la
raison comprit mieux que sa mission avait bien
été d'apporter un glaive, tant que le monde
resterait dans une aussi profonde ignorance, et
qu'il serait incapable d'apprécier autre chose
que la force physique. A mesure que l'intelligence se développa, l'Enseignement véritable
du Christ parut, et à celui qui en serait vraiment

8.

digne, il se révélerait le vrai « Prince de la Paix ». Le même pouvoir qui fit que deux ou trois cents membres de l'Onéida vécurent en harmonie pendant plus de trente ans, sans que la moindre querelle ou la moindre discorde éclatât, peut de même tenir en paix des millions d'individus. Ces conditions sont celles qui amenèrent l'immigration de la « Mayflower ». Le continent américain était, pour les vieilles races, la Terre Promise, à la population de laquelle toutes les nations du monde ont contribué, aidant à former une race nouvelle, non par conquête ou par dessein humain, mais grâce à une évolution que la civilisation chrétienne rendit possible par des moyens plus paisibles que guerriers. Depuis l'époque où les émigrants débarquèrent, jusqu'à ce jour, l'histoire nous apprend que c'est le Christianisme qui a prédominé dans la nouvelle race. Renaissances après renaissances ont éclairé et élargi les conceptions de la religion chrétienne, et préparé le terrain pour un développement plus parfait de l'homme, par des moyens autrement raffinés que la violence. En élargissant leurs vues religieuses, les peuples devinrent plus tolérants. La bigoterie fit place à la libéralité, l'absolutisme de secte ou de parti cessa d'être un obstacle au mariage entre différents types, et les entraves mises aux desseins les plus parfaits, et les plus continuels de la nature, firent place à la coopération de l'évolution de l'homme vers une vie supérieure qui devint possible sans le secours du sabre. Dans ces conditions, les guerres devront nécessairement venir à une fin, parce que les gens deviendront assez éclairés pour procréer en vue de développer l'intellect, plus que le physique. Il y aura trop d'intelligence pour que les vies soient détruites, ou pour que la croyance absurde en résultats obtenus de cette façon subsiste plus longtemps. La guerre n'est qu'un incident dans l'évolution humaine. Ces conditions et ces incidents sont en voie de décroissance. La nature évolue, elle a créé des nécessités et y pourvoit. Tandis que les res-

sources sont le résultat inévitable de la demande, la ressource ne peut être obtenue
qu'après un appel antérieur, de telle sorte, que
la cessation de la demande entraîne la cessation
de la ressource. Quand l'ignorance sera remplacée par l'intelligence, la guerre ne sera plus
demandée et, par conséquent, les hostilités devront cesser. Déjà les esprits supérieurs tendent
vers l'arbitrage plutôt que vers la guerre. Les
labeurs du soldat sont moindres. La guerre est
devenue navale. La puissance destructive d'une
flotte est aujourd'hui si considérable que le Lion
et l'Agneau sont forcés de chercher la concilia-
tion plutôt que risquer un bombardement. La
victoire n'appartient plus au plus fort. Le cerveau a plus à faire que les muscles dans la
guerre moderne. La nécessité, autant que
l'amour, en appelle à l'intelligence et relègue la
guerre parmi les ignorants.

L'évolution fait de si grands progrès, qu'en
une seule génération, une nouvelle race, la
race américaine, s'est formée. C'est aux Amé-

ricains de donner l'exemple aux autres nations
en collaborant avec la nature, en prêtant au
moins autant d'attention à la reprodution de la
race humaine qu'à l'élevage et à la culture.
Peu importent les causes qui ont pu amener la
découverte et le peuplement de l'Amérique. Que
ce soit le hasard, la nature, l'évolution ou les desseins de la Providence, il est indéniable cependant que les éléments propres au développement de la civilisation ont été accumulés aux
États-Unis par des moyens paisibles aussi différents des méthodes surannées de l'évolution
par la conquête et la captivité que la génération à venir sera différente de la génération
présente. Parmi ces multiples éléments il faut
accorder une grande part aux Juifs, et une
partie de la responsabilité revient à la race hébraïque. Rien n'est plus significatif que l'éman-
cipation croissante à la fois des Juifs et des
Anglo-Saxons devant la bigoterie et l'absolutisme, qui pendant si longtemps ont été la
barrière élevée entre les peuples. Lorsque les

Juifs et les Anglo-Saxons se marieront en toute liberté, il en résultera une conservation précieuse, non pas des caractères d'une race absolument pure, mais des caractéristiques les plus nettes et les meilleures de l'une et de l'autre races. Le pur sang n'est pas le type de la progression. Il y a trop d'orgueil dans la généalogie. Les peuples qui vivent de leur passé et sur la réputation de leurs aïeux sont en décadence. L'orgueil supplante l'appréciation du mérite personnel. L'histoire des nations démontre la sagesse des progrès de l'évolution, par lesquels la nature a développé l'intelligence en mélangeant les diverses civilisations, en laissant les vieilles races s'éteindre.

La plus brillante perspective que l'Amérique puisse avoir est dans le fait qu'elle n'a point d'ancêtres à honorer, et que « chacun est récompensé selon son mérite ». L'héroïsme, aujourd'hui, contraste avec le patriotisme du passé, et la philanthropie croissante prouve l'accroissement de l'amour fraternel. La plus belle page de l'histoire américaine sera celle, où il sera traité des tentatives paisibles des Communistes, parmi lesquels l'Oneida sera comme l'étoile conductrice montrant le chemin vers la possibilité de l'universel amour.

CHAPITRE VIII

UNE DÉFINITION DU SPIRITUALISME

Cherchant à fixer la position de John Noyes par rapport au spiritualisme, il est nécessaire de se livrer à quelques considérations analytiques du sujet pour que ses vues soient présentées au public en général, d'une façon intelligente, et pour éviter toute injustice à l'égard de ceux qui suivent strictement les enseignements du Christ. Le mot « spiritualiste » a fait son chemin dans le vocabulaire populaire comme beaucoup d'autres mots, sans avoir un sens défini. Le mot tel qu'il est employé dans le public étant généralement trompeur, il est préférable d'en ignorer le sens habituel, lorsque l'on cherche à faire quelque lumière sur le sujet.

Toute personne qui croit à la continuation de la vie spirituelle est spiritualiste, dans le sens le plus strict du mot. Si l'on accepte l'idée d'une vie future, elle doit se continuer suivant l'évolution. Elle doit, en d'autres termes, évoluer suivant la loi invariable de la progression de la nature, et, par conséquent, reposer sur un principe plus élevé que le matérialisme. La progression étant nécessairement un procédé de raffinement, les conditions d'une vie future doivent être plus parfaites. Cela entraîne la disparition d'un environnement qui paraît matériel à l'homme dans son état actuel. Si cette nouvelle vie est désignée sous le nom « d'esprit », ceux qui y croient doivent nécessairement s'appeler « spiritualistes ». Et dans ce cas, John H. Noyes est nettement spiritualiste. La vie qui se continue, et conserve sa conscience, est le principe fondamental de la religion chrétienne. Il est impossible de le démontrer, mais il y a certaines gens qui, grâce à une culture de leur nature intuitive, savent par intuition que la doctrine chrétienne est vraie. Certaines personnes ont acquis une telle sensibilité qu'elles peuvent parler, écrire ou agir sous l'influence d'une intelligence supérieure : C'est ce qu'on appelle l'inspiration. Toute pensée originale a ce caractère. John Noyes croyait sincèrement à cette phase du spiritualisme, mais on pense bien que s'il accordait à chacun de ses disciples un droit égal au sien à l'inspiration, il pouvait en résulter un heurt d'inspiration qui pourrait miner son influence. Les considérations qui suivent montreront qu'il était impossible qu'une telle chose arrivât, et qu'il était peu probable que M. Noyes s'accordât un droit qu'il refusait aux autres.

En admettant dans le cas particulier l'hypothèse spirituelle telle qu'elle est contenue dans les enseignements du Christ et de ses disciples, il y a assez d'évidence pour la confirmer. Nous retrouvons dans l'histoire la croyance à

une possibilité de communication spirituelle.
Depuis les temps les plus reculés, ces manifestations ont les mêmes caractéristiques, exigent
les mêmes conditions, et sont soumises aux
mêmes objections et aux mêmes inconvénients
qui les caractérisent au xixe siècle : elles portent cette empreinte à travers tous les âges.
Peu importe combien elles peuvent différer en
d'autres points; de tout temps, elles ont été
la preuve que les intelligences occultes sont
l'esprit des gens qui ont vécu sur terre. Autant
qu'on sait, on ne leur connaît point d'exception.
On ne peut attacher une importance à cette
coïncidence que par rapport à l'évidence qu'elles
apportent. En tant que valeur comme preuve,
elles soutiennent la foi chrétienne; si l'on sup-
pose que cette foi est justifiée, il faut donc qu'il,
y ait des intelligences plus parfaites dans d'autres sphères, et autant de degrés de vie que
dans celle-ci, du plus grand philosophe au plus
parfait imbécile. De sorte que, en se rapportant
aux principes de la chimie qui régissent les

affinités, ceux qui recherchent l'inspiration, s'ils attirent quelques esprits, sont exposés à tomber sous l'influence d'une intelligence ou plus haute, ou plus basse que leur propre portée mentale et spirituelle. Le Christ se réclama pour lui-même et pour ses disciples d'une inspiration venue de la plus haute source d'intelligence, qui les puisse guider dans les voies de la vérité. Cela exclut la possibilité d'inspirations contradictoires, puisque l'esprit de vérité est en même temps l'esprit d'unité; et on conseilla aux croyants de prêter grande attention au commerce qu'ils avaient avec les esprits, et de les soumettre à l'essai afin de voir s'ils étaient vrais ou faux. M. Noyes ne chercha pas à conserver le monopole des inspirations, mais il se réserva le droit de faire des distinctions entre les esprits, et encouragea ses disciples dans cette voie. Il ne fit d'ailleurs qu'appliquer le principe chrétien : « Un esprit de désunion est incompatible avec l'esprit de vérité ». Ceci régit toute l'inspiration sans harmonie; et tandis qu'il demandait

la liberté de chacun pour l'inspiration personnelle, il réclamait de tous l'exclusion de tout
principe tendant à la discorde. Les limites de
l'inspiration peuvent sembler au premier abord
très arbitraires, mais cela ne constituait pas
plus une infraction aux droits individuels que
ne le sont les limites ordinaires tracées dans la
vie. Si les gens ne sont pas suffisamment instruits et en voie de progrès pour contraindre
leurs propres désirs et leurs pensées, ils seront certainement soumis à la discipline de la
société ou de la loi naturelle s'exerçant autour
d'eux d'une façon ou d'une autre; ceci est si
universellement vrai qu'on le peut considérer
comme un axiome. Si un homme se soumet
volontairement à certaines lois, la conscience
de la force entraîne avec elle la dignité et le
respect de soi-même. Par l'exercice de la contrainte personnelle, l'homme devient un avec la
divinité, et finit par réaliser sa propre force, en
vertu de cette union. Voilà le plus haut idéal
de la liberté, et le Christ a dit : « Si le fils vous

rend libre, vous serez réellement libre. » Aucun homme ne peut être libre s'il n'a le pouvoir de se contrôler. L'idée d'indépendance individuelle, dans le sens de liberté personnelle indépendamment de la liberté d'autrui, est tout simplement absurde, « parce que toute chose dans la nature est dépendante d'une autre, l'indépendance absolue étant impossible. » Il n'est pas possible de posséder la liberté absolue à moins d'être en harmonie complète avec l'esprit de vérité : C'est de cette liberté-là dont jouiront les Communistes, mais le public l'apprécie si peu qu'il le considère comme un esclavage. Ces Perfectionnistes, qui avaient été réunis par la loi de la nature, ne connaissaient pas de plus grand bonheur que celui de se sacrifier les uns pour les autres. Ils n'éprouvaient donc aucune contrainte à soumettre leur imagination à l'inspiration sincère. Le cerveau, comme les autres parties du corps, n'est que mécanique ; c'est-à-dire que, sauf sa force vitale, il ne possède aucune vie, et, par conséquent, si l'on cherche derrière

le cerveau, on trouve quelque chose de psychologique, qui s'appelle l'esprit. Cette force ne
peut pas être définie : elle transforme en activité cette masse merveilleuse d'éléments histo-
logiques et de connexions confuses, qui constituent le cerveau, mais qui ne possèdent
aucune fonction sauf lorsqu'il est soumis à l'esprit et contrôlé par lui. Comme cette force tient
le cerveau et les autres parties du corps en
action, leurs diverses fonctions dérivent de
l'esprit et lui sont soumis. La pensée est la
fonction du cerveau. Le cerveau ne peut pas
produire la pensée. La pensée est la force qui
régit toutes les forces de la nature, et l'esprit
s'approprie autant de cette force que sa nature
le lui permet, et la pensée est ainsi reproduite.
C'était en vue d'apporter quelque chose qui pût
utiliser cette puissance que la nature travailla
pendant des millions d'années, et qu'elle continue encore aujourd'hui d'évoluer vers des fins
plus hautes.

De la vie minérale à la vie animale, par des

changements incessants qui constituent l'évolution, la nature a cherché à produire un cerveau d'une qualité telle que, dans le tourbillonnement moléculaire, il puisse répondre à une pensée. La première pensée devint la base des pensées futures et, peu à peu, le cerveau s'est développé comme les membres se développent par l'exercice, et a produit un tissu cellulaire héréditaire[1]. Le cerveau se développe par l'exercice de la pensée, et l'esprit est ainsi mis à même de comprendre une pensée plus haute par le développement des activités moléculaires et complexes. L'âme placée dans un milieu correspondant et soumis à la conscience, voilà tout l'objet de l'évolution. Son processus est en accord avec les modes de la nature par lesquels les formes inférieures de la vie sont absorbées par les autres et concourent ainsi à la

---

[1] Soit par transmission héréditaire de modifications organiques, soit par sélection naturelle ou par quelque procédé plus direct échappant jusqu'à ce jour à notre observation, ou par la combinaison de deux ou des trois éléments mentionnés.

9.

participation des formes les plus hautes de la force. Les minéraux sont absorbés et transformés en force végétale qui, par l'absorption et transmutation sont converties en force animale. L'homme forme ses tissus de ces formes inférieures de la force, et l'esprit nourri par ces tissus transforme la force acquise en pensée. La pensée transforme la force physique en vie spirituelle, et il ressort que, jusqu'à ce que les formes inférieures de la vie aient été suffisamment avancées, l'évolution d'une intelligence supérieure fut une impossibilité[1] parce que l'homme ne pouvait pas se nourrir de pierres, et il ne pouvait pas fournir à l'esprit assez de nourriture jusqu'à ce que la nature ait transformé quelque chose d'assimilable au tissu ani-

[1] Cette assertion, et d'autres encore, énoncée dans ce chapitre même, entraîne la doctrine — laquelle ne peut échapper aux principes hégeliens — qu'il y a dans le temps passé une évolution dans le degré d'intelligence de la Déité elle-même, partant de son origine absolue. Quelque impie que puisse sembler cette doctrine à des susceptibilités orthodoxes elle n'en est pas moins conforme aux Écritures, et devra, finalement, être reconnue par les croyants aussi bien que par les ennemis de la religion.

mal. La transmission de la force physique en une force d'un ordre plus élevé est en accord avec l'idée de saint Paul sur le « corps incorporel » conçu par conversion de la pensée, et tenant, par conséquent, des qualités et du caractère des choses dont il est nourri. Un tel corps ne peut pas être reconnu de l'homme par la seule raison que ses facultés de perception sont bornées, mais lorsque le cerveau se sera suffisamment perfectionné pour être affecté par des vibrations plus subtiles, le corps incorporel lui apparaîtra comme le corps physique qui tombe sous sa perception.

Personne, mieux que John Noyes, ne comprit qu'une nouvelle aurore se levait sur la mentalité humaine et que, comme conséquence naturelle, l'humanité se familiarisait avec les sujets psychologiques et les intelligences occultes [1], de sorte qu'il était de toute nécessité

[1] Étranger, oui, à notre Ego, mais non pas nécessairement et probablement à notre cerveau. Notre personnalité n'est sans doute qu'une portion infinitésimale du nouménal total ou de la contre-partie éjective du tissu cérébral.

d'établir une mesure qui permît de jauger à leur juste valeur les influences de l'inspiration.

Les Perfectionnistes soumirent l'inspiration de leur chef à l'épreuve et furent satisfaits du résultat. On enseigna à la seconde génération à avoir la confiance qu'avaient eue leurs parents, mais il fut jugé utile de prévenir les influences de l'inspiration que le public cherchait à acquérir en lui apprenant, autant que possible, ce qu'était le spiritualisme moderne. On inaugura une investigation systématique du sujet, à la fois pour le bien des jeunes membres de la Communauté et pour répondre au désir croissant que le public avait de pénétrer les mystères de la vie spirituelle. On remarqua aussi que, tandis que les phénomènes spirituels tendaient à accentuer la conviction en une vie future, la communication spirituelle fut si défavorablement comparée à la pensée inspiratrice que, par contraste, le manque de vérité vraie serait rendu encore plus apparent par une fausse inspiration.

M. Noyes n'ignorait nullement que les spiritualistes, dans leurs efforts, avaient souvent recouru à la supercherie. Il évita les spiritualistes pour un temps parce qu'ils étaient affiliés aux partisans de l'amour libre les plus irresponsables, et répandaient sur la bonne cause la détestable odeur du vice. Il était de toute importance, en cette conjoncture, que le système de mariage complexe ne fût pas associé, dans l'esprit du public, avec la recherche du plaisir égoïste des partisans de l'amour libre. On regarda donc comme importuns les spiritualistes. D'ailleurs, ceux-ci étaient en défaveur à raison de leurs affiliations à des influences qui soumettaient les fidèles au contrôle de tout ce qui provenait d'un autre milieu sans que l'on s'arrêtât à regarder s'ils étaient en contact avec des consciences plus ou moins élevées. Le mauvais *stimulus* que la superstition s'assura de la sorte fut aussi considéré comme contraire aux principes du Communisme.

Dans le cours du temps, les spiritualistes se

débarrassèrent de plusieurs des traits auxquels on faisait tant d'objections, et comme la foi et le bon sens avaient été suffisamment développés dans le sein de la Communauté pour voir à travers les superstitions absurdes auxquelles beaucoup de spiritualistes étaient enclins, ces objections antérieures ne prévalurent plus.

L'agnosticisme avait attiré l'attention de quelques-uns des plus jeunes membres de la Communauté et l'on pensa qu'une connaissance plus intime des faits spiritualistes pourrait déjouer les errements de l'agnoticisme. Ceci, plus que toute autre chose, donna probablement naissance à l'étude de la psychologie.

CHAPITRE IX

INVESTIGATION SUR LE SPIRITUALISME DANS LA COMMUNAUTÉ DE L'ONEIDA

Le Dr Théodore R. Noyes, le fils aîné du fondateur de la Communauté, ayant étudié la chimie analytique à Yale, et, en outre, étant doué de qualités d'observation très grandes, fut considéré comme ayant mieux que tout autre, des titres pour instituer un système de recherches originales en spiritualisme, et c'est à lui que l'on en confia le soin. L'investigation sur le tempérament de différents membres, indiqua ceux qui semblaient doués de qualités sensibles, et parmi ceux-ci, on choisit ceux qui serviraient le mieux comme médiums, et une série d'expériences fut entreprise. On installa une chambre noire à cet effet, mais à l'occasion, certaines expériences furent faites dans le grand hall devant la famille au complet ; quelquefois aussi, ces séances furent données dans l'une des salles publiques de la Communauté.

Les expériences étaient d'un intérêt peu ordinaire, parce que ceux qui étaient choisis comme médiums avaient été élevés dans la Communauté, et leur caractère offrait des garanties sérieuses, de sorte que toute incertitude était écartée ; autrement, les phénomènes observés ne différaient pas de ceux obtenus dans d'autres séances ; et il surgit des difficultés insurmontables pour les expérimentateurs. Un membre de la Communauté dont les investigations n'étaient point très connues et qui désire que l'on sache qu'il n'exprime que ses propres vues et non pas celles des autres, nous raconte ses expériences spiritualistes dans le sein de l'Oneida. Le spiritualisme a eu une grande part dans l'éducation qu'il reçut de John Noyes, part qui n'a fait qu'augmenter avant, et depuis que la Communauté a renoncé au Communisme. « Avant de me joindre à l'Oneida, j'avais été converti, dit-il, et pendant de longues années, je m'étais occupé de propagation religieuse. En supposant que j'étais aussi bon chrétien que beaucoup, je m'étonnais de trouver que les Perfectionnistes exigeaient des conditions spirituelles que j'étais loin de supposer. Ils me critiquaient si souvent, disant que je n'avais point « l'esprit spiritualiste », que j'étais sur le point d'abandonner tout espoir d'atteindre leur idéal. Ma conduite était, en matière sociale, souvent approuvée, mais souvent aussi on me trouva inférieur, au point de vue spiritualiste. Une telle critique était si décourageante et si continuelle, que je me livrai à des considérations plus approfondies, qui me conduisirent à la conclusion que j'étais associé à d'excellentes gens, des gens que j'avais en vain cherchés dans le sein de l'église ; ces gens étaient les plus parfaits que j'aie jamais rencontrés, mais semblaient quelque peu bizarres en matière spiritualiste. Je ne pouvais pas bien les comprendre, pas plus que la force qui me retenait dans leur société. M. Noyes m'écrivit une excellente lettre. Il semblait connaître exactement ce qui se passait dans mon esprit. Il me pressait d'acquérir un esprit spiritualiste. « Laissez-moi toucher votre cœur, mon cher frère ; laissez-moi y verser la tendresse. » Sa bonté me toucha, et je fus alors plongé dans l'incertitude. Je comprenais que je pourrais acquérir des idées venant de lui, car il m'avait enseigné plus de choses qu'aucun autre homme ; mais comment il pouvait me donner, et comment je pouvais recevoir de lui quelque chose de plus sublime qu'une idée, cela était au-dessus de ma compréhension. En cette conjecture M. Noyes parla du « chez soi ». Il disait :

« Que chaque individu rentre en son propre cœur plusieurs fois par jour et cherche à connaître Dieu pour lui-même. Que chacun ait un endroit où il se retire loin du tracas des affaires, et réfléchisse et surveille son cœur. Nous ne pourrons jamais avoir une concentration de quelque valeur avant de savoir ce que vaut d'aller à Dieu et d'apprendre à se créer un « home » tranquille et céleste dans son propre cœur. Je suis sûr que si chacun de nous observe cette règle, chacun contribuera à cette quiétude et cette sérénité qui provient de la communion avec Dieu ; — et quand nous mettrons nos efforts ensemble, notre paix sera comme un fleuve puissant. » J'espère que tous essayeront d'appliquer ce principe, et verront s'il n'assure pas une vie plus pure et plus égale. — Lorsque nous aurons quelque loisir, retirons-nous dans nos chambres, et rentrons en notre propre cœur. Allez et pensez à Dieu. Il vous donnera la paix et la foi.... Soyons sages à temps, et décidons de rentrer en nous-même avec Dieu et de rester là.... C'est beaucoup que de vivre en toute sérénité avec Dieu, laissons les distractions extérieures pour ce qu'elles sont. Lorsque nous aurons appris à faire cela, nous pourrons passer en toute sérénité à travers le naufrage des choses et l'abîme des morts. Vivez au fond de vous-même. Vivez en vos cœurs, où le monde ne saurait parvenir ; car alors le Seigneur, votre berger, vous conduira aux bords des eaux tranquilles. » — Cette conversation m'impres-sionna tant que je décidai de rester seul pendant une demi-heure tous les jours, et de m'abandonner aux influences qui peuvent être provoquées par la concentration de la pensée, sur le plus haut idéal du bien. Bientôt l'idée perça en mon esprit qu'une intelligence extrinsèque [1] pouvait toucher ceux qui se trouvaient dans les conditions requises pour recevoir de telles impressions. J'avais beaucoup entendu parler du professeur Crookes et de ses pré-

[1] Quand on compare la multiplicité prodigieuse des faits physiques en deçà du cerveau humain au nombre, relativement restreint, des faits physiques dépendant de la personnalité humaine, il est facile de comprendre pourquoi l'Égo est capable d'impressions émanant d'une intelligence externe au cercle de la conscience sans qu'il faille chercher dans l'au-delà du cerveau la source de cette intelligence.

cieuses découvertes, et mes objections super-
ficielles ne pouvaient tenir contre les recherches
minutieuses de cet homme de science. Et lorsque M. Noyes commença une investigation sur
le spiritualisme moderne, les expériences qui
furent faites dans la Communauté m'intéres-
sèrent de plus en plus, et au fur et à mesure
que mes préjugés tombaient. Assis seul, cherchant à débarrasser mon esprit de toutes choses
extérieures, je commençais à voir les choses
sous un tout autre jour. Cela n'impliquait pas la
clairvoyance, mais j'eus conscience qu'il se pro-
duisait des périodes d'illumination mentale
qui me permettaient de saisir les idées qui
m'avaient paru d'abord impénétrables, et je
commençais à percevoir la force des critiques
faites sur moi. J'adoptais l'hypothèse spirituelle comme étant la solution la plus simple du
phénomène qu'il m'était impossible d'expliquer
autrement, et par suite de sa conformité avec
les enseignements du Christ et de mes pen-
chants religieux. Je considérais l'objection « que

la conclusion abolit toute nouvelle investigation », mais je l'abandonnais, car la négation
d'une hypothèse spirituelle est encore plus à
éviter : elle prive les investigateurs de la protection que la connaissance philosophique nous
accorde contre le mal, et de plus, arrête tout
effort tendant vers l'activité spirituelle.

« La première conclusion à laquelle je m'arrê-
tais, après avoir éprouvé ce phénomène qui me
semblait incompréhensible, fut qu'il était
impossible qu'il existât quelque chose de surnaturel ou d'infra-naturel ; ces termes n'ont de
rapport qu'avec l'ignorance ou la superstition.
Ces mots n'ont aucun sens, parce que la chose
qu'ils expriment n'existe pas. Rien ne peut
arriver sans cause, et toute cause étant le résultat d'un processus de la nature, il s'ensuit que
tous les phénomènes doivent avoir une philosophie qui ne peut être comprise qu'en partant
d'une loi naturelle, de sorte que lorsque la
superstition est écartée de la recherche psychologique, le spiritualisme peut être étudié comme

une loi naturelle. On croit généralement à une seconde vie, non pas parce qu'elle peut être bien comprise, mais parce que la cessation de la vie n'est pas aussi facilement concevable. Comme la vie se perpétue par une série de changements infinis appelés évolution, il doit y avoir une connexion vitale entre ces changements, de façon à conserver à la vie son identité, et à relier un état de vie à un autre. »

Tant que M. Noyes appartint à la Communauté sa présence tint le fanatisme en échec. Quelques-uns de ses disciples pratiquaient comme médiums, et après sa mort, quelques-uns de ces médiums eurent, selon leurs idées, des communications avec son esprit. On considéra cela comme dangereux et il se forma une forte opposition, non pas tant par préjugé contre le spiritualisme que par crainte de la superstition qui pourrait induire des esprits moyens à l'erreur et entraîner les âmes croyantes à la fantaisie. Par le fait que de tels arguments constituaient un élément de discorde, il ressort que l'inspiration ne pouvait plus supporter les épreuves sérieuses par où, autrefois, elle devait passer. Le cerveau étant le moyen mécanique par où l'esprit se révèle, si un esprit autre que celui qui se trouve sous sa dépendance peut prendre entière possession du mécanisme cérébral, il peut, pour un temps, être l'employé de la même façon. Jusqu'à quel point un esprit débarrassé de l'enveloppe corporelle, peut se manifester à travers un cerveau vivant, est chose encore non définie. Qu'une influence puisse s'exercer par un esprit est indubitablement vrai, mais jusqu'à quel degré cette influence se peut exercer, il est difficile de le comprendre et trop peu recherché. Pour qu'un esprit se puisse manifester par l'intermédiaire d'un organisme étranger, il faut qu'il soit absolument indépendant de l'esprit sur lequel il cherche à produire une impression, et comme il est impossible d'obtenir une telle condition, la conscience doit être entièrement arrêtée ou l'intervention d'une force étrangère con-

trariera la communication de l'esprit. Cela entraîne un *processus* fort délicat et compliqué.
On peut y parvenir seulement après de longues
années de culture, pendant lesquelles le médium
et l'influence-contrôle finissent par s'harmoni-
ser. Il y a quelques très rares exemples dans lesquels l'extra-intelligence succède si complètement à l'inconscience du médium qu'il est possible à ce dernier d'évoquer des vibrations cor-
respondantes du cerveau et l'expression de la
pensée sans qu'il en soit d'aucune façon responsable ou conscient. Cette force ne peut être obtenue qu'après un entraînement long et délicat,
et en profitant des conditions qui sont rarement
trouvées en harmonie chez un même individu.
Et, même, cette perfection est sujette à des
arrêts en raison de la tendance continuelle de la
conscience à recouvrer ses fonctions normales,
comme le rêve peut venir troubler le sommeil.
Bien mieux, une extra-intelligence sera incapable d'exprimer une pensée qui n'aura pas
existé antérieurement dans l'esprit du médium.

Si elle cherche à exprimer une pensée étrangère au cerveau, elle devra d'abord l'accoutumer aux vibrations incidentes au sentiment qu'elle veut exprimer. Elle le devra placer dans le cerveau en excitant le *processus* naturel de l'évolution de la pensée et accoutumer les ganglions à répondre à telle vibration représentant telle pensée.

Dans ce cas, lorsqu'une pensée a été émise, il faut qu'elle continue d'exister dans la subconscience du cerveau, exactement comme si elle avait été produite d'après le *processus* usuel. A part ce procédé confus, l'extra-intelligence ne peut reproduire que ce qu'elle trouve dans le cerveau en se servant du mécanisme cérébral. Rien ne peut être pris d'un réceptacle si, au préalable, quelque chose n'y a pas été mis : ceci est aussi vrai du cerveau que d'un magasin. Dans les cas où un langage est parlé ou des écrits donnés en langue étrangère incomprise du médium, le contrôle est seulement machinal ; il ne s'opère pas au moyen de la pensée fonction du cerveau, n'affecte le cerveau que juste assez pour suspendre la conscience, de sorte que les fonctions mécaniques du corps peuvent être employées sans une intervention de la volonté du médium. De cette façon, un esprit peut parfois transcrire ou exprimer des mots dans une langue qu'il a parlée sur terre ; c'est probablement quelque plat lieu-commun qu'il trouvera emmagasiné dans l'esprit du médium.

Rien d'intéressant n'a jamais été révélé par de tels procédés, si ce n'est que des communications de cette nature sont possibles. On en conclut qu'aucune valeur ne leur est attachée par les hautes intelligences, si ce n'est qu'elles servent à démontrer l'existence de l'esprit. Il est possible à une influence régularisatrice de stimuler, dans l'esprit, des activités et de lui donner des vibrations qu'il n'a pas encore subies, de façon à induire la pensée, comme nous l'avons déjà dit, au delà de la subconscience du médium, mais on ne peut y parvenir qu'après une longue habitude, comme il est possible de forcer un muscle à accomplir quelque mouvement extraordinaire grâce à une extraordinaire habitude et à un entraînement soutenu. Les conditions sont compliquées et le succès est généralement si rare qu'on peut le considérer comme à peu près nul.

C'est pourquoi ceux qui se déclarent sujets au contrôle, pas moins, d'ailleurs, que ceux à qui les communications sont adressées, se trouveront certainement plus en sûreté sur le chemin de la saine raison, qu'en comptant sur des sources d'informations sujettes à caution. Les élucubrations d'un esprit sain combinées avec l'impulsion d'un jeune cœur pourront toujours donner des marques d'un grand amour Voilà le seul mot par lequel seul on peut exister, attendre l'inspiration religieuse. C'est la seule inspiration que l'on trouve nécessaire et productive d'unité, sur laquelle on puisse trouver un communisme très heureux.

CHAPITRE X

ÉVOLUTION DES FAITS

Que « la venue des événements projette
d'abord son ombre » est un fait qui se produit si
souvent dans le champ de l'expérience humaine
que l'on peut en déduire qu'en économie naturelle l'ombre n'a guère moins d'importance que
la chose dont elle annonce la venue. Il se peut
que toutes les transactions soient consumées
dans une sphère spirituelle avant qu'elles trans-
pirent dans la sphère matérielle, car la pensée
doit évoluer avant que d'être émise. Dans un
sens important, la pensée est l'ombre de son
expression. Elle est certainement de beaucoup
plus importante en tant que l'expression est

impossible sans une inception antérieure de la pensée, et l'expression de notre propre cerveau peut être prévenue par un autre cerveau répondant à des vibrations de la pensée, avant même qu'elle ait été émise. Dans cette voie, il nous est possible de trouver l'explication de la philosophie prophétique. Les événements qui ont été formulés dans une sphère plus haute peuvent être projetés sur une sphère inférieure de telle façon que la projection devient perceptible pour ceux dont la pensée vibre à l'unisson, et le prophète devient possible par des lois aussi naturelles et des déductions aussi logiques qu'en toute autre occurrence.

Les miracles du Christ étaient des reproductions sur le domaine de la force d'une sphère élevée grâce auxquelles il lui fut possible de projeter sur ses disciples, en vertu même de l'intimité de ses rapports avec la sphère spirituelle, et en vertu aussi de la sympathie et de la foi qu'il inspirait par rapport au savoir et à la force, des possibilités communes à ceux qui voulaient bien partager avec lui sa nature spirituelle. « Les choses que je ferai, vous aussi vous les accomplirez, et de plus grandes encore que celles-ci vous-mêmes ferez après moi. »

Que cette philosophie soit vraie ou non, il est toutefois vrai que le christianisme sincère et la foi ne sont pas antagonistes, et qu'une intelligence plus parfaite doit ultérieurement réconcilier ce qui est vrai du christianisme et ce qui est vrai de la science. Il est certain que toute chose, dans la nature, dans le domaine de la sensibilité, contient en elle-même la prophétie de son avenir. Il doit aussi être vrai qu'elle contient l'accomplissement des prophéties contenues dans les relations relatives à elle et qui ont existé antérieurement. Il faut donc reconnaître que, au delà de ce que l'homme perçoit, le *processus* de la nature continue à correspondre à des changements qui s'accomplissent sans cesse dans les choses matérielles. Si un grain de blé, ou toute autre graine, pouvait être rigoureusement analysé, on y trouverait l'histoire de la plante qui l'a précédé, ou dans le cas de l'homme ou de l'animal, son hérédité et la prophétie d'une plante ou d'un animal adulte serait possible à l'intelligence parfaite.

Étendant le même principe prophétique aux faits spirituels, on peut supposer que les événements annoncent leur venue par des incidents faisant appel à la conscience de ceux qu'ils affectent. Un événement est soumis à l'évolution comme l'est une graine et, comme la graine, il contient la prophétie de son avenir. Dans ce sens, tous les événements sont comme l'ombre projetée d'autres événements, de sorte qu'en considérant la suite logique des circonstances présentes, il serait possible de prévoir des événements qui, autrement, échappent à la prophétie. L'éducation de l'humanité, dès les premières lueurs de la conscience, a été le système déductif de raisonnement de cause à effet prédisant le futur sur l'expérience du présent et, de cette façon, les hommes ont appris qu'en faisant ceci ils s'exposaient à causer cela. Toute chose, dès lors, est, au point de vue de l'expérience, une leçon profitable à l'éducation de la vie. Certains peuvent être dirigés par les conseils et les bons avis, d'autres peuvent apprendre par la lecture, mais les leçons objectives sont nécessaires à l'éducation des masses, et avant qu'il y eût des livres et des lycées, le seul moyen d'apprendre consistait à observer les déductions des phénomènes matériels. En étudiant l'histoire ancienne et moderne, on peut parfois discerner de quelle façon les événements s'étaient annoncés, non pas pour révolutionner le monde par une impulsion soudaine, mais pour donner une leçon objective au monde qui pût lui servir comme point de départ pour de nouvelles ères civilisatrices, préparant ainsi le monde par une éducation graduelle à récolter de ce qu'il avait semé.

L'univers, et tout ce qui s'y rattache, est l'expression de l'intelligence évoluant dans un océan de pensée. Les diverses histoires qui ont

existé à des époques historiques et préhistoriques, ont été l'expression d'autant de pensée qu'il
en appartenait à telle civilisation, le consensus
de l'intelligence que les gens étaient capables
d'attirer et d'exprimer. Toute civilisation a été
le résultat d'une longue période d'évolution où
incubation, pendant laquelle les masses avaient
été jusqu'à un certain point, suffisamment développées pour produire un changement, quelque
léger qu'il soit, capable dans le tissu cérébral,
de répondre à de plus hautes vibrations. Le
consensus des activités cérébrales augmentées
collabora à l'intelligence d'une petite partie de
la population, qui se tient fièrement dans l'histoire, et dont l'érudition réagit pour élever le
niveau de l'éducation parmi les masses. Grâce à
ces procédés obscurs de concentration et de
réaction, la civilisation progressante se mit au
point chez un individu, assura des conditions
nouvelles pour attirer la pensée plus haute, et
un éclair brillant accompagnant sa transmission, donna au monde un éclatant caractère et

une ère nouvelle marquant l'apogée de cette civilisation particulière.

Lorsque la première pensée fut émise et constitua le plan de la conscience, l'intelligence était trop peu mûre pour la reconnaître, et dans le cours des âges, quand le consensus de l'intelligence hébraïque institua l'ère chrétienne, l'intelligence était encore alors trop obscure pour la comprendre. La vérité que le Christ répandit, il y a deux mille ans, était tellement prématurée que l'intelligence vantée du xixᵉ siècle n'est pas encore assez mûre pour l'accepter. Le ministère du Christ, qui fut l'accomplissement d'une prophétie et une leçon objective sur l'universelle fraternité, le rêve des Communistes, constituera le royaume des cieux sur terre.

La Communauté de l'Oneida était aussi une leçon objective, en connexion directe avec le plan du Christianisme, démontrant la possibilité de réaliser un état de civilisation que le Christ avait entrevu, et c'était encore un nouvel exemple des événements en voie de progression, projetant leur ombre annonciatrice. John H. Noyes était le produit net de la colonisation de la Nouvelle-Angleterre, le fruit de la force dont la « Mayflower » était chargée. Il proclama de nouveau la nouvelle résurrection. Il raviva sur le sol vierge de l'Amérique le simple sentiment d'amour que le Christ avait inculqué en la Judée, deux mille ans auparavant, et cependant le peuple n'était pas encore prêt à l'accepter. Comme le Christ, il trouva quelques disciples prêts à développer un fait qui pouvait servir de leçon objective aux générations futures, et cette leçon devint, comme le Christianisme, la jachère qu'il faudra fertiliser plus tard. M. Noyes prédit la flexibilité de sa Communauté, lorsqu'en 1852, il disait en substance : « que le Communisme, comme le Christianisme, pouvait s'adapter à toutes les formes, et tandis que l'on observait l'Oneida et que l'on s'étonnait de cette harmonie pour ainsi dire miraculeuse régnant entre tant de sujets, on verrait un plus grand

miracle encore : l'Oneida se dissoudre sans por-
ter aucun préjudice à quelque âme que ce soit. »

Les forces de la nature semblent au repos, et
de même que la végétation hiverne et acquiert
de nouvelles forces pour le printemps prochain, ainsi le Communisme attend son temps
jusqu'à ce que l'humanité soit devenue assez
éclairée pour que la fraternité ne soit plus dé-
sormais une prophétie, et que l'amour couvre
la terre comme les eaux couvrent les mers.

La continuelle transformation des produits des
âges de l'évolution semble, au premier abord,
comme une partie inutile d'énergie, mais il en
est ainsi dans toute la nature. Pourtant, quelle
production! Quelle surabondance nous trou-
vons partout! Quel excès de vitalité, et par
conséquent quelle mortalité nécessaire! Toujours et en tout cas, nécessités de la nature,
car toutes choses progressent par ses soins,
grâce à des changements incessants, et plus
nombreux sont les changements, plus accen-
tuées sont les évidences de l'évolution.

Les transformations qui semblent des rétrogradations comme la mort, ou la vétusté, sont des évidences de la progression, l'agrégation et la désagrégation constituant le processus de l'évolution. L'agrégation ne peut s'accomplir que par la désagrégation d'un autre corps. Ce principe s'applique aux continents et aux mondes, aux individus qui les peuplent, aux usages et aux habitudes de ces derniers, à leurs institutions, à chaque objet ou à chaque sujet de la vie. L'agrégation doit être précédée par la désagrégation. Si une graine tombe sur le sol, elle meurt avant que de vivre une autre vie; il en est ainsi de toute chose. La pensée n'est pas une exception à cette règle, car la pensée naît de la pensée. La pensée qui aujourd'hui est proche de la vérité, est née de la pensée d'hier, et comme la perception actuelle de la vérité est plus correcte que celle d'hier, cette dernière est remplacée par l'autre. Elle s'est désagrégée pour contribuer à une agrégation plus avancée. Les nations préhistoriques et leur civilisation, se sont désagrégées pour produire les civilisations de l'Égypte et de l'Inde. Comme les nations progressent spirituellement, les arts et les sciences sont engagés au détriment du développement physique. Un peuple intellectuel devient moins belliqueux et constitue une proie facile pour ses voisins qui ont cultivé presque exclusivement leur force physique. Les conquérants ont la main sur l'intelligence, et la mettent en esclavage. Ces esclavages relativement raffinés employés dans la maison des vainqueurs deviennent naturellement précepteurs, et de la sorte sont les instruments qui vulgarisent chez les barbares la science et la civilisation, qui autrement n'y auraient pas pu pénétrer. L'histoire des tribus et des nations, et de l'évolution des peuples civilisés, s'est toujours et toujours répétée depuis la fondation de ce monde, et s'est manifestée par l'instinct brutal de la guerre détruisant en apparence, mais, dans la suite, concourant à un résultat civilisateur. Le Christianisme a traversé des mers de sang, ne

laissant aucun doute que la guerre a été le principal caractère de l'évolution dans la civilisation actuelle. Il était nécessaire que le Christ
en tant que personnalité se désagrège de façon
que son esprit soit la force agrégative de l'Église
primitive.

Il dit donc : « Il est bon pour vous que je
disparaisse, car si je ne disparaissais pas, le
Consolateur ne viendrait pas à vous. » L'Église
primitive, en tant qu'organisation, se désa-
grégea, et l'Église romaine s'éleva sur ses
débris. L'Église romaine fut toute-puissante
jusqu'à la Réforme, et alors sa force commença
de décliner ; depuis, elle n'a pas cessé de s'affai-
blir. La désagrégation des vieux systèmes suivie
de la formation de nouvelles sectes a été sans
cesse observée dans la chrétienté en passant
de l'Église romaine à l'Armée du Salut. A la
place qui lui était assignée parut la Communauté
de l'Oneida. Elle s'est aussi désagrégée, comme
l'Église primitive, dont elle était le prototype, et
alors s'esquissèrent les phases multiples du

Communisme, socialisme, populisme, et autres *ismes* du même genre, dans lesquels l'esprit agité de l'Amérique cherche refuge hors de l'égoïsme croissant de l'époque. Tous se désagrégeront, et seront suivis de quelque chose toujours un peu plus parfait, et cette routine doit continuer jusqu'à ce que, suivant l'évolution, l'universelle vulgarisation de l'amour fraternel soit atteint, et pour laquelle la Communauté de l'Oneida aura été la leçon-objet. L'éducation devra prendre la place de la superstition, les écoles et les académies devront remplacer les cercles bigots. L'intrigue cléricale décroît, et la politique croît, d'une façon imparfaite dans l'un et l'autre cas, mais l'évolution est inévitable. Lorsque la politique se désagrégera, il se fera peut-être un mouvement vers un congrès des nations, et la fraternité humaine. L'ombre de l'événement peut déjà être perçue dans le désir croissant vers l'arbitrage. Le développement cérébral a produit de tels engins de guerre que le combat devient trop dangereux, trop incertain, et trop coûteux aux yeux de l'indulgence internationale.

Le cerveau est le facteur principal de la civilisation; — et par conséquent, l'éducation fait des pas rapides qui n'ont jamais encore été observés dans l'histoire du monde. Des millions sont dépensés tous les ans en Angleterre et en Amérique, de sorte que, partout où s'élève une maisonnette, s'élève aussi une école, annonçant le développement universel des activités cérébrales, précurseur de la venue de la fraternité universelle. L'éducation implique autre chose que des études ordinaires. On peut être très fort en mathématiques et très versé en littérature, et ne guère valoir mieux en matière morale; les méthodes d'instructions appliquées pendant plusieurs générations devront, si les traits acquis sont héréditaires, impressionner la substance cérébrale, et rendre les ganglions plus sensibles aux plus hautes vibrations de la pensée. Et même si la prépossession est un mythe, l'adaptation à la complexité croissante de l'environnement social, devra se produire par sélection, soit naturelle, soit artificielle, sans rien dire des « variations » qui tendent à l'adaptation directe. Dans ce sens, l'homme, en développant son cerveau, éduque sa race, et l'éducation mentale des masses implique l'éducation des générations encore à venir. Voilà ce que veut dire « éducation », lorsque ce mot est employé en connexion avec l'évolution et quand il veut dire que le monde devra être éduqué dans un esprit d'altruisme avant que le communisme atteigne un succès.

Le Christianisme et le Communisme exigent les mêmes conditions, et conduisent à des résultats similaires : ils sont en quelque sorte intervertibles. Chacun des deux termes exige une entière connaissance de sa valeur et des effets harmonieux. Ils entraînent des faits et des conditions au delà de la sphère matérielle, qui sont par conséquent des vérités spirituelles qui ne peuvent pas être perçues par l'homme naturel, porté vers ce qu'il ne peut pas percevoir, de sorte qu'un changement de cœur, ou de désir, doit être un des caractères principaux d'une plus grande éducation.

John Noyes considéra comme très important de cultiver « la tendresse de cœur ».

C'était, d'après lui, le pas important vers le communisme. Il disait que: « de toutes les maladies, la dureté de cœur est la plus difficile à vaincre ». Voilà tout le centre et la somme des conditions mauvaises de la vie, et c'est une maladie beaucoup plus commune qu'on ne le croit généralement. Le cœur qui, de dur, devient tendre, est la marque d'une conversion sincère. D'une part, la dureté de cœur et l'incontinence sont classées ensemble dans la Bible, et, d'autre part, un cœur tendre est le don spécial du pacte de l'Évangile. « Je vous donnerai un nouveau cœur et j'ôterai de votre chair ce cœur de pierre pour vous donner un cœur de chair... » « La dureté de cœur est la même chose, portée à un plus haut degré que ce qui est connu familièrement sous le nom de bruta-

lité et d'indélicatesse dans la vie ordinaire.
Nous voyons, à l'occasion, des personnes que
nous qualifions de dures et d'indélicates, qui ne
se rendent pas compte de ce qui est déplaisant
dans les relations sociales, qui sont toutes dis-
posées à blesser les sentiments d'autrui par des
remarques trop vives et qui semblent plutôt y
prendre plaisir. Cette même dureté se manifes-
tant dans le centre de la vie et dans nos relations avec Dieu, est appelée dureté de cœur,
C'est de cela dont nous devons être sauvés, ce
que les foudres du Sinaï et les attractions de la
Croix cherchent à détruire. C'est seulement
lorsque nous deviendrons raffinés dans nos
perceptions et délicats dans nos sentiments
envers Dieu que nous serons délicats et ten-
dres envers nos frères et les traiterons honnê-
tement.

« La puissante conversion qui se produisit
dix-huit cents ans auparavant est encore dans
les profondeurs du cœur humain et il est de
notre devoir de participer à la douceur de l'âme

qui fut donnée à l'Église primitive après la crucifixion du Christ. Voilà ce qu'il faudrait constamment se rappeler. Voilà la Justice céleste
auxquelles toutes autres bonnes choses seront
ajoutées. »

CHAPITRÈ XI

PROGRÈS INÉVITABLES DE LA CIVILISATION

Aux temps de la Féodalité, les barons étaient
riches, fiers et brutaux. Ils étaient si illettrés
qu'ils ne pouvaient ni lire ni écrire, de sorte qu'ils
devaient attacher leur sceau aux testaments et
autres documents, en guise de signature.

Les prêtres étaient à peu près les seuls gens
instruits de l'époque et, déguisant leur ministère spécial, obtenaient de gros honoraires pour
paraître dans les Cours de justice et juger des
disputes entre les ignorants barons. Les hommes
de loi furent d'abord appelés « gentlemen »
en raison de leur connexion spirituelle avec
l'Église et en opposition avec les hommes

de guerre, et leur titre fut, dans la suite, créé par acte du Parlement. Ce n'était, bien entendu, qu'un titre vide et, comme celui « d'esquire », il perdit sa signification originelle par une application à toutes les classes, jusqu'à ce qu'il fût coutumier d'appeler un homme « gentleman » jusqu'à ce qu'il prouvât le contraire par sa conduite. C'est ainsi qu'à un homme de loi proclamant avec indignation sa qualité de « gentleman », on répondit qu'il n'était gentleman que par acte du Parlement.

Si l'éducation pouvait, dans tous les cas, entraîner l'aménité, le raffinement spirituel deviendrait la caractéristique de la race à mesure que l'instruction progresserait. Qu'elle n'affecte pas le but, est évident par le fait que l'éducation, tout en conservant le raffinement jusqu'à un certain point, elle ne peut pas éliminer entièrement l'égoïsme des couches inférieures de la vie. Le développement cérébral élargit la force intellectuelle et, dans des conditions favorables, peut conduire à la conception de la vérité, mais il ne peut pas produire un cœur tendre dans le sens régénérateur du mot.

L'homme naturel ne peut pas connaître les choses de l'esprit, parce qu'elles ne peuvent être discernées que spirituellement. C'est pourquoi, lorsque l'esprit le plus développé possédera à fond tout ce que l'on peut connaître du domaine matériel, il ne pourra cependant rien savoir de la force qui fait que les choses sont — jusqu'à ce qu'il puisse discerner les choses spirituelles.

La perception ne peut être acquise que par régénération, qui est aussi indispensable aux progrès de l'humanité que l'est le changement physiologique de la chrysalide en papillon. Quand la pensée développe des structures cérébrales capables de répondre à de plus hautes vibrations, cette faculté répercutrice exige une pensée plus haute encore que celle à laquelle elle peut répondre et, nécessairement, elle continue à attirer de plus hautes vibrations de la pensée.

On verra que ces procédés d'évolution doivent être simultanés ; que des activités accélérées provoquant des vibrations plus hautes, pensée produisant pensée, il vient un temps où les vibrations atténuées jusqu'à des choses matérielles ne peuvent plus satisfaire les désirs de la conscience. Et ce désir de l'âme vers des vibrations toujours plus hautes de la pensée doit conduire à la régénération, par l'unique porte de l'expérience à des sphères plus élevées.

Les temps présents sont tous d'éducation tendant non pas surtout à la production de colosses, mais aussi à la création d'un niveau intellectuel général et plaçant ainsi les peuples sur un même plan d'égalité démocratique. L'effet moral de ce réveil intellectuel général a été de produire un afflux d'intellectualité et un développement anormal de facultés d'acquisitions, sans qu'ils soient contrebalancés par l'influence de l'amour. En formant un tissu cellulaire cérébral par une direction de la pensée unique, l'amour du gain a supplanté l'amour humain et l'égoïsme contrecarre le communisme.

Les facultés d'acquisition caractérisent la race juive. Elle a été persécutée par tous les peuples pendant dix-huit siècles et dans l'impossibilité de posséder réellement des biens jusqu'à ce que l'Angleterre passât les lois juives, il y a cinquante ou soixante ans. Comme il leur était défendu d'approcher les voies nouvelles de la spéculation et qu'ils étaient exposés au vol, ils durent employer l'argent comme marchandise même. Devenus banquiers et usuriers, ils spéculèrent sur l'imprévoyance de leurs persécuteurs et, en toute justice (justice poétique), dictèrent des conditions à ceux qui les oppressaient. La concentration de leur esprit sur l'argent pendant des siècles leur développa l'esprit dans la direction des finances sans que l'on puisse comparer, en l'occasion, l'activité juive à celle des autres individus, lesquels durent fatalement en souffrir.

L'inévitable résultat est, qu'en Amérique, les Juifs sont graduellement en train de gagner

un ascendant considérable sur les autres
races, au point de vue commercial, et en
Europe leurs représentants, tels que les Rot-
schild et autres, ont, dans une considérable
mesure, le contrôle des destinées d'une nation.
Malgré les siècles de persécution et de pillage
cruels, la civilisation dans laquelle le Christianisme fut bercé n'en subsiste pas moins, mais
semble être en voie de devenir la civilisation
future du monde. Les Américains, pour n'être
pas défaits par la race juive, concentrèrent leurs
pensées sur l'argent, de sorte que la rivalité qui
éclata dans la recherche de la fortune, et, inci-
demment en matière d'éducation, a développé
une ère d'amour de l'argent, que jamais on n'a vu
auparavant. Ceux qui ont acquis ou hérité de la
faculté de « faire de l'argent » ont un tel avantage sur ceux de leurs semblables qui ne possèdent pas ce talent, qu'ils sont à même d'amasser
des fortunes énormes, presque nécessaires com-
parativement à l'appauvrissement du reste de
la communauté.

Tandis que la classe ouvrière semble actuellement la moins bien partagée, le résultat le plus lointain sera peut-être que les capitalistes, appréciant les effets désastreux de la violence des masses pauvres, assureront de leur plein gré des conditions de vie meilleure à leurs ouvriers, se mettant ainsi en sauvegarde.

Tant que le cerveau sera concentré sur l'acquisition de la fortune, ceux qui développent le plus de force cérébrale dans cette direction, acquéreront certainement le plus de biens — la richesse doit nécessairement régner parce que nous sommes à une époque où le dollar est tout-puissant, où les peuples adorent le Veau d'or, de sorte que l'agitateur le plus misérable ou le nihiliste le plus violent, deviendrait volontiers « gros capitaliste » si la fortune le favorisait. — Partagez la fortune aujourd'hui, et les mêmes activités cérébrales qui, auparavant, avaient empilé les millions, se rassembleront encore en vertu d'une loi aussi inévitable que celle de l'équilibre des liquides dans le niveau d'eau.

Si les capitalistes étaient les seuls égoïstes dans ce monde, l'opinion publique les dénoncerait comme des sots dépensant leur vie à la recherche de ce qu'ils ne pourront pas emporter et qui ne leur servira à rien dans l'autre monde. Lorsque la richesse cessera d'inspirer l'adoration des masses, sa puissance et le désir que l'on a d'y parvenir cesseront, parce que l'estime attachée à la richesse a, autant, et peut-être plus à faire avec le désir violent de devenir riche, que le désir même du millionnaire, de telle sorte que la multitude qui se plaint, n'est guère moins coupable que le « faiseur d'argent », qu'elle a contribué à créer par son opinion et par son labeur.

Il en est de même de la valeur d'une chose sur le marché dont la valeur est réglée par la demande, c'est-à-dire par la valeur que le public y attache. Comme toute chose qui tient de l'homme ou de la nature, l'abus est le seul mauvais trait de la richesse. L'égoïsme est une chose déplorable dans le capitalisme, moins déplorable que les désirs inordonnés de ceux qui ne sont pas riches. La difficulté surgit entre la bassesse morale et intellectuelle, aussi bien du côté du capital que du côté du travail. L'intelligence dirigée vers la recherche de l'argent a développé une certaine activité, et élevé la race. Elle est en voie d'évolution. Mais si l'état de choses actuel se continue indéfiniment, les fortunes colossales, par leur seule force créatrice d'intérêts, entraîneraient l'absorption de la richesse du monde entier et conduiraient la majorité de la population à l'esclavage. C'est un degré excessif, inconcevable parce qu'il est impossible qu'un système d'égoïsme subsiste indéfiniment. Les changements sont dans l'ordre de la nature, et l'inconstance des choses humaines est la sauvegarde contre une phase quelconque de l'égoïsme ou la persistance d'un mal quelconque.

Quelques-unes des fortunes immenses qui sont amassées, commencent déjà à se désagréger, une autre ère est en formation, et constituera

une grande amélioration sur la présente. Les
enfants élevés dans le luxe ne savent pas se
faire les fortunes considérables qu'ont accu-
mulées leurs parents, quoiqu'ils aient pu hériter
de quelques traits de leurs parents, parce qu'il
n'existera pas les mêmes nécessités qui stimu-
lèrent une activité extraordinaire, de sorte que
les cellules cérébrales qui furent développées par
l'usage dans une génération, peuvent devenir
atrophiées par l'inactivité du successeur. Ils se
désagrègent pour l'agrégation de quelque autre
chose nouvelle. Que devient leur fortune? Si le
successeur meurt en laissant six enfants, la
fortune se trouve divisée en six, et, peut-être
également, si chacun de ces enfants produit six
autres enfants, la fortune se trouve divisée en
trente-six parts, et ainsi de suite. Il est ainsi
facile de voir que dans le cours naturel des
choses, dans quelques générations, chaque
grande fortune se trouve divisée entre différentes personnes, dont quelques-unes peuvent
être prodigues et paresseuses, tandis que

d'autres emploieront leur part en patronnant les
arts et la science, résolvant ainsi les problèmes
de la race. Lorsque cette classe éclairée sera
venue, basée sur la fortune, l'indolence, la culture, alors la masse se trouvera élevée, et avec
plus d'intelligence elle pourra accomplir des
miracles.

La distribution d'une grande fortune exige
une plus haute intelligence et une âme plus
noble que ne l'occasionnait l'accumulation et
la projection dans le champ de la philosophie
et de la philanthropie de ces caractères : la richesse est donc en train de former une haute
civilisation fondée sur le principe de l'amour,
et sur le Communisme que le Christ inculqua,
impliquant le principe de la fraternité humaine.
Lorsque la conscience sera plus éclairée, grâce
à l'éducation et à la science, les gens verront
la nécessité logique d'un changement radical
dans la nature, produisant la tendresse, et
mettant l'homme à même de s'affiner dans le
milieu d'une existence future. Il deviendra

évident que les enseignements du Christ, bien qu'étant adaptés à l'ignorance des peuples d'alors, sont identiques aux conclusions scientifiques actuelles, et la multitude deviendra aussi désireuse d'arriver à la régénération qu'elle l'est de parvenir à la fortune. L'ombre des événements prochains qui doivent révolutionner le monde, s'accumule maintenant à l'horizon, impliquant un réveil religieux qui occasionnera une ère de vivacité nouvelle inconnue jusqu'alors. L'histoire de l'Oneida sera alors étudiée comme le manuel et le guide du Communisme, et les pages de l'histoire montreront en John H. Noyes un nouveau prophète.

Antérieur au Communisme, le désir irrépressible des peuples se manifestera par des efforts vains à fonder des communautés, des sociétés, des associations et des organisations politiques, ayant toutes le même but, et toutes échouant. De telles tentatives sont la caractéristique des temps présents, et elles continueront comme les moyens nécessaires à l'éducation de ceux qui ne peuvent apprendre qu'en souffrant. A ceux-là il sera inutile d'expliquer combien ils sont peu préparés pour le Communisme qu'ils recherchent. Mais il en est d'autres qui savent que l'égoïsme est l'obstacle à toute organisation communiste, et tuera tout effort jusqu'à ce que les gens soient assez intelligents pour se soumettre non pas à une manie, non pas à quelque mesquine conception du Communisme, pour le simple désir d'aider leurs semblables.

L'incompétence des chefs à conduire les problèmes sociaux du jour est manifeste par leur ignorance des facteurs les plus persistants de l'expérience sociale. Les révélations sexuelles des communistes étant imprégnées d'influences antagonistes aux premiers principes du Communisme, il devrait être de leur premier soin, aussi, de tracer un plan avant d'entreprendre des proje socialistes. Toute évasion de ce problème doit être fatalement suivie d'un échec, car il est évident qu'elle ne peut être simultanée à des principes philosophiques. La répression peut y répondre pour un temps, mais elle est en opposition directe au génie du Communisme et serait ainsi un élément de désagrégation.

Les réformateurs en herbe, qui manquent d'indépendance, de pensée et de courage moral pour suivre sans crainte les problèmes sexuels dans ses solutions logiques, se trompent eux-mêmes et leurs disciples en cherchant à former une communauté sans communisme. Non pas que la liberté sexuelle soit une nécessité du communisme, mais elle est absolument nécessaire à ceux qui contemplent ce mouvement et désirent se trouver face à face avec le problème et étudier la question sans préjugés.

Il n'est pas nécessaire d'user de liberté, mais il est nécessaire au sens libertaire que l'esprit s'élève au-dessus de l'esclavage des lois et des morales légales, comme elles doivent s'élever au-dessus des habitudes vicieuses ou de la tentation à tromper ses semblables. Ces conditions sont, dans tous les cas, assurées par la régénération, de sorte que ceux dont la nature a été changée de l'égoïsme à l'amour ne peuvent être soumis à aucune tentation à faire quoi que ce soit contre leur nature, et ni la loi ni l'habitude ne peuvent intervenir dans leur victoire avec eux-mêmes. Si les réformateurs avaient affaire seulement à une loi de la nature, le problème serait beaucoup plus simple. Mais les difficultés sociales sont aggravées par le désir contre nature, qui est devenu héréditaire et intense, par une continuelle indulgence jusqu'à ce que les gens prennent leurs désirs anormaux pour des exigences naturelles, et on peut trouver beaucoup d'hommes de science qui sont adonnés à cette erreur.

Un homme qui a acquis l'habitude de stimulation soit par hérédité, soit par faiblesse, peut aussi naturellement briser la loi qui l'incite à l'ivresse que supposer qu'une loi de la nature le contraint à se rapprocher d'une femme sans s'occuper de ses sentiments ou des conséquences de son acte. Il est indispensable que la nature pervertie soit changée avant que tout Commu-

nisme soit possible, et alors, il sera démontré
que « l'amour est l'observation de la loi » et que
les questions criminelles et leur guérison, le capital et le travail, la pureté ou la prostitution,
sont toutes des questions vexatoires qui s'éva-
nouissent par la seule bonté du cœur. Le Communisme, tel que nous le montre l'Oneida, peut
être évidemment amélioré. Les membres de la
Communauté ne revendiquèrent pas une perfection qui bornait le progrès; par conséquent,
son excellence peut être améliorée, et la nature
humaine, telle qu'elle est exprimée par l'intelligence du jour, doit subir des changements radi-
caux exigés par les milieux plus parfaits. Appe-
lez ceci conversion ou régénération, ou de tout
autre nom, cela revient à la même chose que le
Christ exprima avant d'entrer dans la sphère de
l'Amour : « Il faut que vous naissiez à nouveau »
et voilà le seul terrain sur lequel John Noyes
trouva possible de former une Communauté.
Ceux qui cherchent à atteindre le succès en
ignorant la méthode d'y parvenir et craignent

d'opposer un préjugé public fondé sur une fausse estimation des relations sexuelles se privent de moyens précieux pour l'entreprise la plus intéressante, la plus heureuse et la plus avancée de l'ordre communiste. Tant que l'humanité persistera à vivre d'anormale façon, la question sexuelle occupera toujours sa place anormale, toutes les vies seront obscurcies, et toutes les communautés échoueront.

Des hommes remarquables et de gros événements se produisent à mesure que l'histoire déploie ses relations subséquentes à la civilisation. Le Christ fut ignoré, sauf de quelques humbles disciples de la Judée. Son nom maintenant est sacré pour tous les peuples civilisés de la terre, et la vérité qu'Il enseigna embrasse l'Univers. Tous les hommes remarquables doivent vivre avant que les peuples y soient préparés, sans quoi ils ne pourraient pas accomplir leur mission. S'ils apparaissaient plus tard, la vérité qu'ils enseigneraient n'aurait point de nouveauté, et ils ne seraient pas considérés

comme de grands hommes. Il était nécessaire à
la mission dont Il était chargé que le Christ pé-
rît comme hérétique. S'il était venu aujourd'hui,
une telle chose ne se serait pas produite, parce
que l'hérésie n'est plus un crime capital et que
la crucifixion n'existe plus. A un moindre degré, il en est de même des esprits moins avan-
cés. Ils sont à la tête des intelligences du jour et,
par conséquent, ils ne peuvent pas être appré-
ciés jusqu'à ce que les intelligences puissent
saisir leurs idées.

Socrate n'aurait pas été méprisé s'il n'avait
rien su de plus que les autres gens. Galilée
n'aurait pas été persécuté si les gens avaient su
ce qu'il savait de l'astronomie. John Noyes
n'aurait pas encouru le mépris d'une partie de
la chrétienté si le Christianisme, enseigné par
l'Église, n'avait pas été si peu élevé. C'est
parce qu'il enseigna une vérité au-dessus de
l'intelligence du xixe siècle, que l'Amérique
ne l'accepta pas. Mais aussitôt que l'intelligence
comprendra sa hauteur, le monde fera les

recherches à l'égard de ce prophète, de qui le monde était indigne. On dépense des fortunes à commémorer les œuvres des auteurs, des inventeurs, des hommes de science, et autres qui vécurent dans la pauvreté et l'oubli, de sorte que c'est toujours la même vieille histoire qui se répète :

« Sept cités se disputèrent l'honneur d'avoir donné le jour à Homère mort, les sept cités où Homère vivant mendia son pain. »

Mais l'intelligence est en train de développer rapidement le juste sens du mérite, et une génération passe rarement sans reconnaître les génies du jour.

Le débarquement de la « Mayflower » fut un tout petit événement en lui-même, et si quelqu'un à l'époque avait pu prédire les résultats de cette immigration, il aurait été taxé de folie. Si les gens avaient pu deviner les résultats de la mission de Washington, aucun de ses ennemis n'aurait osé parler contre lui, et il aurait été épargné par de moins honnêtes gens encore !

Aucun esprit ne pouvait prévoir que la victoire des Anglais à Waterloo aurait exercé sur le monde une influence si considérable. La maturité des causes est d'évolution infinie, et les effets portent aussi loin que les influences qui les ont d'abord occasionnés. Les événements sont le résultat de la pensée, et la pensée est stimulée par les événements, les procédés d'action et de réaction étant faits des fonctions de la nature. Le consensus de l'esprit de civilisation chrétienne entraîne l'enthousiasme religieux et le produit net de ce révivalisme fut John H. Noyes et la Communauté de l'Oneida, comme le Christ et l'Église primitive furent le produit net de la pensée judaïque, atteignant le sommet de la civilisation actuelle.

Le fait que la Communauté de l'Oneida cessa d'exister en tant qu'organisation communiste, n'ôte rien au génie de l'inspiration qui le conçut, et n'ôte que peu, du moins nous l'espérons, à sa force en tant que facteur dans l'évolution du communisme. L'esprit de ce corps et la force

qui la formèrent existent encore, à l'état de
force vitale, et dans un temps à venir l'expression des influences sera telle que, transmise
dans le domaine de la pensée, personne ne sera
plus fier de tracer sa généalogie, que le sera
chaque descendant du système de stirpiculture
de John H. Noyes. Les nobles femmes qui aujourd'hui sont sous le poids du préjugé populaire et dans l'impossibilité de rendre aussi publiques qu'elles le voudraient leurs expériences
passées, se réjouiront à la pensée qu'elles
furent jugées dignes de participer à l'œuvre
d'amour de John Noyes, et leurs enfants pourront avec gloire se vanter de leurs ancêtres,
membres de la Communauté de l'Oneida.

FIN

TABLE DES MATIÈRES

PRÉFACE. . . . . ɪ à ᴠɪɪɪ

CHAPITRE I. — Historique. 1

— II. — Le fondateur de la Communauté de
l'Oneida. 23

— III. — Polyandrie. 45

— IV. — La pureté d'intention chez les Perfectionnistes. 61

— V. — La vie intérieure de la Communauté de
l'Oneida. 77

— VI. — Développement spirituel de la solution
des problèmes sexuels. 103

— VII. — Les parents. 123

— VIII. — Une définition du spiritualisme. . . . 145

— IX. — Investigation sur le spiritualisme dans
la Communauté de l'Oneida. 159

— X. — Évolution des faits. 173

— XI. — Progrès inévitables de la civilisation. . 191

SAINT-DENIS

IMPRIMERIE H. BOUILLANT

20, RUE DE PARIS, 20